信長公合戦秘録

会田庄造

中央公論事業出版

前書き

いわゆる桶狭間の戦いは永禄三（一五六〇）年に起きました。桶狭間の戦いに限らず、織田信長がおこなった合戦について語られる場合、信長の家臣であった太田和泉守牛一による信長の一代記、『信長公記』が基本史料とされます。ここでは、桑田忠親校注『改訂信長公記』（史料叢書、新人物往来社、一九九一年）を用いています。

桶狭間の戦いで、織田信長は近江観音寺（滋賀県近江八幡市）城主六角氏綱の孫義秀から二千三百有余騎の援軍を受けていました。これまでの歴史では、六角氏綱に子供がいなかったとされてきましたので、信長が近江守護六角氏から援軍を受けて今川義元と戦ったということはあり得ない話でした。

さて、佐々木哲氏の著書『佐々木六角氏の系譜—系譜学の試み』（思文閣出版、二〇〇六年）と『系譜伝承論—佐々木六角氏系図の研究』（思文閣出版、二〇〇七年）の両書には、宇多源氏佐々木六角氏の系図や系譜について新学説が詳述されています。これまでの近江佐々木六角氏の歴史認識を変えた名著だと思います。

その『佐々木六角氏の系譜―系譜学の試み』において、近江守護観音寺城主六角氏の家督は氏綱―義久―義秀―義堯―義康へと継承されたと記されています。佐々木哲氏のこれらの学説を踏まえて、とくに本書の第一章、二章を記述しています。

いわゆる桶狭間の戦いでは、織田信長は側室の家である郡村生駒屋敷（愛知県江南市）で、屋敷出入りの蜂須賀小六の蜂須賀党、前野小右衛門の前野党、小坂孫九郎（小右衛門の兄、信長の次男茶筅丸の傅役）の柏井衆等に秘密裏に諜報活動を指示して戦略を練りました。そのため、おのずとこの戦いの史料は限られます。

その後の小谷城の戦い（一五七三年）、三木城の戦い（一五八〇年）、鳥取城の戦い（一五八一年）、備中高松城の戦い（一五八二年）では羽柴藤吉郎秀吉率いる舎弟羽柴小一郎、蜂須賀彦右衛門、前野将右衛門等が中心となって戦っています。前野将右衛門の従兄弟である前野清助（義詮）は、墨俣出勢以来離れず将右衛門と行動をともにして物書き役を務めた人です。

また、近世初期の佐々木六角氏の記録『江源武鑑』も慎重に参照しています。『江源武鑑』は天文六（一五三七）年七月から書き起こされています。時の家督は観音寺城主六角義久でした。佐々木六角家代々の記録は、信長が生害したいわゆる本能寺の変が起きた二日後の、天正十（一五八二）年六月四日観音寺城落去の時残らず焼失したといいます。そのため、この記録は佐々木家嫡流六角家臣永原大炊頭実高家、後藤但馬守頼秀（賢盛）息喜三郎（高治）家、日加田摂津守綱清家、馬渕伊予守定時（号頼鬼）家、浅井土佐守長冬家の五家日記、家々の書伝を一致させて、元和七（一六二一）年八月二十二日改めて『江源武鑑』としたといわれます。ここでは、佐々木氏郷編、明暦二（一六五六）年版を原本として復刻公刊された『江源武鑑』（名著出版、昭和四十九年）を用いました。

なお、本書では多くの史資料を参考とし、典拠としています。『武功夜話』をはじめ、引用や参照部分の多くは、とくに断りのない限り筆者の意訳であり、必要に応じて括弧書きで補足を付しています。

信長公合戦秘録　目次

序章　一　近江守護佐々木六角氏について

これまで何故か、近江守護と観音寺（滋賀県近江八幡市）城主を代々つとめた佐々木六角氏について論じられることが少なかった。織田信長の盟友とされた観音寺城主六角義秀の事蹟はもとよりその存在すら、すでに江戸時代において妄説として削除されてきた（①『改正三河後風土記』）。その後、大正十一年出版の②『近江蒲生郡志』第二編所収「校訂　佐々木六角系図」も、近江守護六角高頼長男の六角氏綱に子供がなく、佐々木六角氏の正統は、高頼の次男箕作（みつくり）城主六角定頼（氏綱弟）、その子六角義賢の流れとした。

そもそも近江守護佐々木六角氏は、宇多天皇の第八皇子敦実親王の三男源雅信から始まる。この宇多源氏源雅信から七代之孫に佐々木秀義がいる。③『吾妻鏡』や④『尊卑分脈』等によると、佐々木秀義は平治の乱（一一五九年）の時、源義朝（頼朝の父）に随っていた。敗れた義朝は関東へ下る途中、尾張国知多郡野間庄の内海で討たれた。その後、源頼朝は伊豆に配流された。そのため佐々木秀義は子息らを率いて奥州平泉の藤原秀衡を頼って京より下向したところ、途中相模国（神奈川県）の渋谷庄司重国に引き留められて渋谷庄に住んだという。秀義はその後、子息定綱・経高・盛綱・高綱等を伊豆の頼朝に近侍させた。いわゆる源平の戦いで、頼朝が勝利すると、文治元（一一八五）年長男定綱は近江守護等に補任された。この佐々木定綱の嫡男信綱の子泰綱が六角氏を名乗り、氏信が京極氏を称した。

近江佐々木六角氏に連なる宇多源氏の系譜について詳述された書があるので紹介させていただく。いずれも佐々木哲氏の著書である。平成十八年出版の『佐々木六角氏の系譜―系譜学の試み』の「佐々木源三秀義」の項において、先に述べた佐々木秀義（生年未詳～一一八四）の前身は源資長で、実父は源有賢である。現在の佐々木系図とは違うことを指摘されている。また、時代が下って六角高頼（一四六二～一五二〇）の長男氏綱の家督は氏綱の長男義久（義実）、その子義秀へと継承されたこと等を豊富な史料を検証されて史実とされた。

さらに、越前国主朝倉義景の出自は近江佐々木六角氏であり、朝倉孝景の養子嗣であったことも史実として指摘された。

ここで、佐々木哲氏のその部の記述の一部を⑤『佐々木六角氏の系譜―系譜学の試み』の「朝倉義景」の項（一五三頁）から原文のまま引用、掲載させていただく。

朝倉義景（一五三三～一五七三）

六角氏綱の孫。義久あるいは義政（仁木殿）の子。朝倉孝景の養子嗣。幼名長夜叉丸。本名延景。従四位下、左衛門督。越前国主。

又、義景の時代の六角氏系図を同書（一九四頁）より転記する。

「佐々木六角氏系図」部分（筆者一部略す）

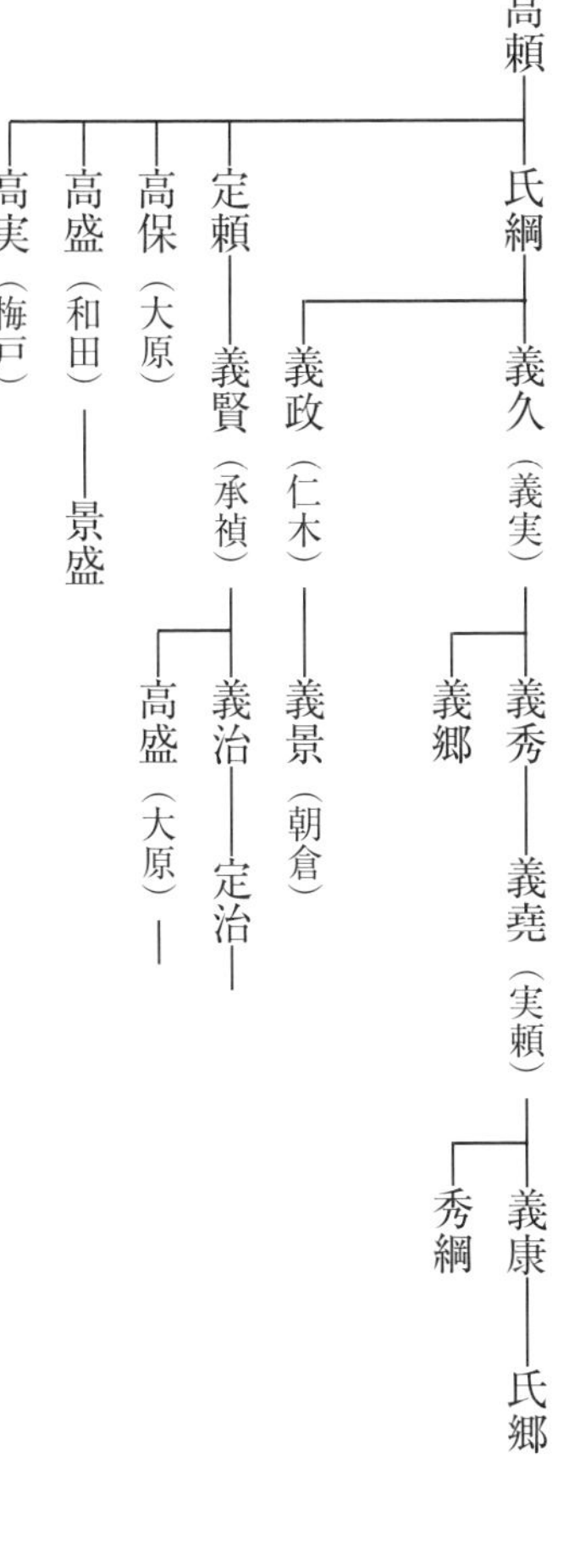

これで朝倉義景像が一変したと言ってよいだろう。

同じく佐々木哲氏の著書⑥『系譜伝承論―佐々木六角氏系図の研究』は「序論　歴史学方

法論」、「一章　沢田源内と佐々木義郷」、「二章　六角義実の研究」、「三章　六角義秀の研究」、「四章　六角義堯の研究」、「五章　六角義郷の研究」から構成されている。

同書によると、元亀年間（一五七〇～一五七三）の信長包囲網は、信長の盟友であった観音寺城主六角義秀が没したあと、六角義堯が六角承禎（義賢）・越前朝倉義景・北近江浅井長政・甲斐武田信玄・石山本願寺顕如や将軍足利義昭等と結んで形成されたという。しかし、この信長包囲網は元亀四（一五七三）年四月に武田信玄が病死したことで崩壊したという。

いずれも両書は近江守護佐々木六角氏系図や佐々木六角氏系譜伝承等についての画期的研究書である。

六角氏綱の子孫である義久・義秀について、『佐々木六角氏の系譜―系譜学の試み』から関係部分を引用させていただき、私見と合わせて記す。

同書の「近江守氏綱」条（一二一頁）によると、六角氏綱（一四九二～一五一八）は高頼の長男。近江守、従四位上。永正十五（一五一八）年七月九日享年二十七歳で没した。⑦『六角佐々木氏系図略』によると氏綱の子女の一人は関白二条晴良、もう一人の子女は京極長門守高吉に嫁している。

また、同書の「江州宰相義久」条（一二三頁）によると、六角義久（一五一〇～一五五七）は氏綱の長男、大膳大夫、近江守、参議、権中納言。母は室町十一代将軍足利義澄の妹、一方足利義澄の妻は氏綱の妹であった。すなわち室町十二代将軍足利義晴（一五一一～一五五〇）

と義久とは従兄弟の関係であった。義久は氏綱病没後に家督を相続して後継者となっていた。しかし、永正十七（一五二〇）年祖父高頼が没すると、義久若年のため叔父定頼（氏綱弟、箕作城主）が後見となった。天文三（一五三四）年六月、足利義晴は前関白近衛尚通の娘（慶壽院）と祝言を挙げた。場所は六角義久の観音寺城内にある桑実寺の仮幕府であった。なお、近衛尚通の母は六角高頼の妹（氏綱の叔母）であった（『六角佐々木氏系図略』）。近江観音寺城主六角氏と室町将軍足利家、関白近衛家や関白二条家等とは婚姻をつうじて姻戚関係で結ばれていた。このような存在であった佐々木六角氏は、義久の時代すでに室町将軍足利家はもとより二条家・近衛家等の有力廷臣と信頼関係が構築されていたものと考える。

さらに、同書の「徳川公義秀」条（一三〇頁）によると、六角義秀（一五三二〜一五六九）は義久の長男、母は後奈良院（天皇在位一五二六〜一五五七）の典侍（天皇近侍の女官）、足利義晴の養子。近江守、修理大夫。義秀若年の頃は箕作城主の六角定頼長男義賢（のち承禎）が後見となっていた。なお、義秀は室町十四代将軍足利義輝と又従兄弟となる。

ところで、近江に逃れていた足利義輝入京の翌年、すなわち永禄二（一五五九）年二月、尾張をほぼ平定した織田信長が上洛を果たして将軍義輝に謁見した。山科言継の日記⑧『言継卿記』によると、信長は五百騎ほどで上洛してきたが異形者が多かったという。⑨『改訂信長公記』（以下『信長公記』と記す）によると、信長が将軍足利義輝に謁見するために上洛した時、美濃の斎藤義龍が信長を討つため追っ手を京に差し向けたとある。そのため信長は急ぎ近江の守山経由、八風峠越えで清須に帰った。

続いて同年四月、越後の長尾景虎（のちの上杉謙信）は五千余騎の兵を引率して上洛をした。この時六角義秀が景虎を近江坂本で饗応した（⑩『上杉家御年譜』）。また⑪『江源武鑑』永禄二年二月十四日条によると、駿河の今川義元も近江の六角義秀に上洛の意向を伝えていた。しかし、義秀は義元の近江国内の通行を断った。

そして翌永禄三年五月、上洛を企んでいた今川義元が、二万数千余の人数を率いて尾張に侵攻してきたため、義秀は信長の要請を受けて二千三百有余騎の援軍を派遣した。

参考文献

①『改正三河後風土記』監修 桑田忠親、校注者 宇多川武久、秋田書店、一九七六年
②『近江蒲生郡志』滋賀県蒲生郡役所、一九二二年
③現代語訳『吾妻鏡』五味文彦・本郷和人編、吉川弘文館、二〇〇八年
④『新訂増補國史大系　尊卑分脈』黒板勝美・國史大系編修会編輯、吉川弘文館、一九九一年
⑤佐々木哲『佐々木六角氏の系譜―系譜学の試み』思文閣出版、二〇〇六年
⑥佐々木哲『系譜伝承論―佐々木六角氏系図の研究』思文閣出版、二〇〇七年
⑦丸亀蕃主京極家旧蔵『六角佐々木氏系図略』東京大学史料編纂所謄写本
⑧『言継卿記』永禄二年二月二日条、國書刊行會、続群書類従完成会、一九九八年

⑨『改訂信長公記』桑田忠親校注、史料叢書、新人物往来社、一九九一年（九刷）
⑩『上杉家御年譜』編纂発行 米沢温故会、原書房、一九八八年
⑪『江源武鑑』佐々木氏郷編、名著出版、一九七四年

序章　二　『武功夜話』について

『武功夜話』は前野氏十六代吉田孫四郎雄翟が、織田伊勢守信安家老十三代前野小次郎宗康、織田信長家臣十四代小坂孫九郎雄吉、織田信雄家臣十五代小坂助六雄善三人の書留と豊臣秀吉家臣前野但馬守長康の書留「五宗記」を編纂するとともに、前野家家臣の生き残りの者より聞き糺し、寛永十一（一六三四）年から十五（一六三八）年にかけて①『武功夜話』二十一巻として完成させたものであるという（『武功夜話』一「はしがき」より）。

本稿を書きすすめるのにあたり、『武功夜話』を引用・参照しているが、その信憑性について疑問が指摘されているところでもある。すなわち、『武功夜話』の巻一～六は、江戸時代後期に新しく加筆された写本が用いられていると言われているので、巻一～六については、②『「武功夜話」研究と二十一巻本翻刻Ⅰ・Ⅱ・Ⅲ』（以下『武功夜話』翻刻Ⅰ・Ⅱ・Ⅲと記す）を用いた。

さて、永禄二（一五五九）年、岩倉城主織田伊勢守信賢が信長により開城させられると、織田伊勢守の戦奉行を務めていた家老の十三代前野小次郎宗康は前野村に蟄居することとなった。信長の命により、宗康の長男前野孫九郎宗吉は、母の生家である春日井郡柏井の小坂氏の名跡を継ぎ、織田信長の次男茶筅丸の傳役に付けられた。茶筅丸が元服して北畠信雄を名乗ると、雄の一字を拝命して小坂孫九郎雄吉と名乗った（『武功夜話』翻刻Ⅱ巻四）。

次に、『信長公記』の著者太田和泉守は元亀元（一五七〇）年のいわゆる姉川の合戦で、太田孫左衛門の名で佐々成政とともに合戦に参加していたことを紹介する。

元亀元（一五七〇）年四月二十日、信長は朝倉義景討伐のため三万余の大軍勢で京都を出陣した。二十六日木芽峠（敦賀市）を越えて越前（福井県）に入ったところで、妹婿浅井長政の謀反を知った。二十七日金ヶ崎を退却して、四月三十日琵琶湖西の朽木越えで京都に逃げ帰った（『信長公記』）。

元亀元（一五七〇）年六月二十二日、信長は浅井久政・長政父子を滅ぼすため小谷城（長浜市湖北町）を囲んで虎御前山（長浜市中野町）に本陣を据えた。二十四日小谷城の出城横山城（長浜市石田町）を攻めるため、虎御前山本陣から姉川を渡り横山城の近くの龍ヶ鼻（長浜市垣籠町）へ向けて軍勢を撤収させた。木下藤吉郎勢は三田村郷で退口殿を務めた。この三田村殿の陣では、木下藤吉郎から佐々内蔵助成政、梁田左衛門太郎（のち出羽守正綱）、中条将監（中条小一郎）の三人の屈強な面々が陣払いの命令を受けた。

この時、佐々鉄炮隊三百五十余挺、信長から遣わされた鉄炮二百余挺が宮の後という小高い所で布陣、かねて工夫しておいた二段構えで、追いかけてくる浅井勢おおよそ五百有余人を引き付けかわるがわる鉄炮を撃ち、二百有余人を討ち取ったという。『信長公記』巻三「あね川合戦の事」条に、太田孫左衛門が浅井勢の首を取ったことが記されている。

この三田村殿陣について、『武功夜話』「翻刻Ⅱ巻四」（六四頁）から、引用する。

佐々蔵介殿与力衆太田孫左衛門が見届け、佐々鉄炮隊の比類なき事を（信長に）言上したとのことです。此の寄騎衆太田孫左衛門は、尾州山田郡安食郷の住人、当退陣の宮の後に於いて頸を討取り、高名を挙げました。孫左衛門、佐々鉄炮隊について詳しく（信長に）申し述べましたところ、信長公が大変感じなされたとの事です。是孫左衛門は又助と名を改め、是より信長公の御筆記方に申し付けられました。又助殿が柏井に来られた時、お話になった事です。

右文中に「又助殿が柏井に来られた時」とあるが、春日井郡柏井には小坂孫九郎雄吉が居住していた。太田孫左衛門と小坂孫九郎とは昵懇の間柄であった。そして、小坂孫九郎の所領地に太田孫左衛門の旧領地があったという。

松浦武氏並びに松浦由起氏と武功夜話研究会のこの研究によって、『信長公記』の作者で、謎の人物とされた太田和泉守牛一は、尾州山田郡安食郷の住人で、元僧体の人と言われ、佐々成政の寄騎衆太田孫左衛門と名乗った侍大将であった。いわゆる姉川合戦以後、太田又助と通称を改めて、信長のお筆記役となっていたことが判明した。

ところで、瀧喜義氏は③『「武功夜話」のすべて』の「はしがき」において、「織豊戦国期を語るには、尾州の小豪族生駒氏の住んだ『生駒屋敷』を度外視しては全く意味をなさない。織田信長が『天下布武』の第一歩を踏み出し、木下藤吉郎秀吉が、その後継者として姿をみせる初舞台は、生駒屋敷であった。時は弘治二（一五五六）年秋、上総介信長が生駒家三代家宗の女、類女の美しさに一目ぼれして通いつめた色恋沙汰に始まる。」と記している。また、「弘治（筆者注、一五五五～一五五七）に入ると、信長は生駒屋敷を根拠地として、尾州平定作戦、桶廻間合戦、犬山城責メ、西美濃責メと天下取りの諸作戦を展開する」ことになったとも記している。

織田信長は、尾張国下の郡海東郡勝幡（しょばた）城（愛知県稲沢市）を居城とした織田備後守信秀の嫡男として、天文三（一五三四）年に生まれた。母は美濃国（岐阜県）可児郡の土田（どた）治左衛門の女で、のちに土田御前といわれた。豊臣秀吉は信長誕生から三年後、天文六（一五三七）年に尾張国愛智郡中村に生まれた。

『武功夜話』翻刻Ⅱ巻三（一一一頁）に、秀吉の出自や若い頃の話が記されているのでここに挙げる。

この者（藤吉）は生国は尾州下の郡中村の在、親代々百姓をしていたが、在所は松葉の城主織田右衛門が支配するところであった。たび重なる兵馬乱入のため、田畑はなぎ倒され作物は収穫できなかった。そのため百姓は逃げ出し空家が多かった。領主織田右衛門は牢人を多く召抱え武備を怠らず、出費が多く金子が不如意になっていた。そのため百姓に反銭（田一反歩あたりの租税）や夫役（労働）を課して取り立てていた。租税などの税金を払えない者を厳しく処罰したので、百姓は財産をつぶして他の村に逃げ、家が消えていった。藤吉の家は組頭を務めていたが、天文（一五三二～一五五五）年間に父親が亡くなった。藤吉が八歳の時、口減らしのため寺奉公に追出された。全く止む得ないことである。僧侶になるため三年ほど勤めていたが、逃げ出してしまった。家に返っても生活は困窮していた。お袋様がどうしても百姓を続けるように話すが、百姓をすることを嫌い、十三歳の時尾張国（愛知県）を飛び出した。物乞いをするなど袖乞うことも厭わなかった。三河国（愛知県東部）に流牢して、ある御仁に奉公して、しばらくの間留まっていた。しかしながら特別素性のある者でなく、由緒ある者でもないため、侍に取り立てられることも無かった。尾張に返って来たあと、飾り立てることなく真実を話していた。

本文初めに、松葉城主織田右衛門とあるが、『武功夜話』翻刻Ⅰ巻二（七六頁）によると、正しくは海東郡松葉の城主は織田伊賀守で織田左衛門であるという。また、左衛門は織田備後守信秀の別腹の子であったという。

この記述によると、藤吉は中村の家を走り出たのは十三歳とあり、すなわち天文十八（一五四九）年のこととなる。④『太閤素生記』は「太閤十八歳天文二十年春中々村ヲ出ラレ」と記しており、小瀬甫庵⑤『太閤記』は二十歳にして遠江国の住人松下加兵衛尉に仕えたと記している。年齢の記述に大分違いがある。

とにかく、十三歳で村を走り出た藤吉は諸国を流浪し、物乞いもいとわず牢人の果て、遠州浜松の兵法者の家に武家奉公した。

先の『武功夜話』翻刻Ⅱ巻三では「三河国に流牢して、ある御人に奉公して、しばらくの間留まっていた。」とあるが、「ある御人」とは、正しくは遠州浜松の住人、兵法者松下加兵衛のことである。

⑥『松下加兵衛と豊臣秀吉』によると、浜松の頭陀寺（ずだじ）に城を構えていた松下氏である。当時の頭陀寺城の城主は松下源太左衛門長則であった。藤吉は松下長則に三年間武家奉公をした。後に久能城主（静岡県袋井市）になった松下加兵衛之綱は、長則の嫡男で藤吉と同年齢であったという。後年、秀吉は松下長則から受けた恩を息子の松下之綱に返したのである。

弘治元（一五五五）年秋、藤吉は尾州上の郡丹羽郡稲木庄郡村の生駒八右衛門家長の生駒屋敷に現れた。十九歳であった。この頃蜂須賀小六が生駒屋敷に出入りしていた。小六の家は海東郡勝幡の在蜂須賀村の名主であった。信長の父信秀と折が合わず、母方の丹羽郡宮後村の広大な安井弥兵衛屋敷に、兄八右衛門、舎弟又十郎、同小一郎と共に寓居していた。郡村生駒家宗の娘が兄蜂須賀八右衛門の室となっていたので、小六は生駒屋敷に出入りしていたという。

小六が初めて生駒屋敷で見知った時の藤吉の風体について次のように記されている。

尤も才知たけたる者である。外国の事情に通じ、長年他国にて暮らしていたという。尾張の内にも、三河の内にも、遠江の内にも、美濃の内にも誰それは金持ちだとか、誰々は昔は恵まれていたが今は金に困っているとか、小賢しく見えるが、とかく悪い所も無いので蜂須賀小六が召し抱えた。

(『武功夜話』翻刻Ⅱ巻三、一一頁)

小六は当時住んでいた宮後村安井屋敷に連れて帰り、藤吉を召し使いにした。小兵なれど武辺を好み、常に小六に付き随っていた。小六は当分の間家来に加えて働かせたという。

このあと蜂須賀小六の使いで生駒屋敷を往来するようになった口利き者の藤吉は、諸国の話を信長の側室となっていた吉乃(きつの)に面白可笑しく、人が口に致しかねぬ色話なども恥と思わずぬけぬけと話したという。吉乃は弘治三(一五五七)年長男信忠を出産し、その後二男信雄、長女五徳を生んだ。しかし、第三子誕生のあと、肥立ちも悪く体調が勝れなかったようで、養生の甲斐もなく永禄九(一五六六)年逝去した。享年二十九歳であったという。

『武功夜話』翻刻Ⅱ巻二によると、ある時、信長が生駒屋敷に出かけてて、藤吉を召し出してつれづれに話し相手にした。藤吉が憚らず瓢け話をする仕草に信長は良い気分ではなかったという。しかし、才気ある藤吉は御馬の口取りでも御用命下されと強く信長に願い出たところ、居合わせた吉乃の兄八右衛門が「汝のような小兵の如き者、武者奉公とは心得違いだ」と重ねがさね申し諭した。しかし、見かねた八右衛門がついに口添えすることとなった。生駒八右衛門と吉乃の口添えがあったので信長は聞き入れた。藤吉は清須と郡村の使い走りの役を仰せつけられたという。

永禄元年九月のこと、藤吉が経済的に不遇であったため、信長は郡村の地境の村、加納馬場に五貫文分を給地した。この時前野小右衛門は四十五貫分を給地された。いずれも岩倉伊勢守信賢（信安の子）の領地であったという（『武功夜話』翻刻Ⅱ巻二）。以上、藤吉が清須の信長に出仕できた経緯である。

これまで木下藤吉郎のことを藤吉と記してきたが、蜂須賀小六を改め蜂須賀彦右衛門、前野小右衛門を改め前野将右衛門、また中村藤吉を改め木下藤吉郎と名乗ったのは、これより後の永禄八（一五六五）年霜月（十一月）であった。藤吉が二十九歳の時であった（『武功夜話』翻刻Ⅱ巻三）。

ところで、名古屋市立博物館編⑦『豊臣秀吉文書集』という年代順に収録された文書集がある。その第一巻は永禄八（一五六五）年から天正十一（一五八三）年までの発給とされる文書が収録されている。第一巻の文書番号一は「坪内喜太郎宛判物写、永禄八年十一月二日」が収録されている。織田信長は永禄八年十一月に、坪内惣兵衛ら坪内一族の戦功を賞して土地を支給した（⑧『増訂織田信長文書の研究』文書番号五七、五八）。先の文書はこれに対しての秀吉の副状で、「木下藤吉郎秀吉（花押影）」と署名されている。

秀吉が副状を発行した前年（永禄七年）と永禄八（一五六五）年の東美濃の状勢について簡単に記す。

ここでは、『武功夜話』翻刻Ⅰ及びⅡの「織田信長の犬山・鵜沼・猿啄・堂洞攻め―二十一巻本『武功夜話』の場合」を参照して述べる。

信長は永禄五（一五六二）年暮れから小牧山の新城を築いていた。翌六年八月半ば過ぎ、織田家々中の者に清須から小牧新城に移る命令が出された。

永禄六（一五六三）年六月、木下藤吉郎（正しくは藤吉と記すべきところであるが、慣例に従い木下藤吉郎と記す）は蜂須賀小六、前野小右衛門等と濃州川並の松倉（岐阜県各務原市）に、犬山織田信清方の於久地（おぐち）目代（城代）中島左衛門の調略のため滞留していた。飛騨川筋の葉栗郡黒田の城主和田新助と蜂須賀小六が中島左衛門、同息豊後を味方に引き入れべく説得して味方につけた。

さらに信長の命で秀吉は、飛騨川流域（現木曽川）の濃州川並の松倉の坪内惣兵衛為定（十三代前野家当主小次郎宗康の弟前野又五郎忠勝の娘婿）、同舎弟玄蕃勝定（為定弟）、同坪内喜太郎利定（為定弟）の坪内党、蜂須賀小六の蜂須賀党、前野小右衛門の前野党を采配して、犬山の織田信清に与していた美濃鵜沼（宇留間）城（岐阜県各務原市鵜沼）の大沢治郎左衛門、その子主水を攻めて、これを開城させた。

永禄七（一五六四）年春四月、信長は犬山城主織田十郎左衛門信清（信長従兄弟）を退治するため小牧新城を発向、八月には最たる手向かいなく信清は城を立ち退いた。

翌年の永禄八年八月、信長は宇留間の城主大沢次郎左衛門の先導で美濃堂洞砦攻めに向かった。この時、先手の丹羽五郎左衛門長秀は、猿啄城の近く大ぼて山で美濃斎藤方を攻めて降参させた。猿啄の奥の加治田の城主佐藤紀伊守、子息右近右衛門は信長に味方していた。しかし、美濃関の長井隼人正道利が堂洞に砦を築いて加治田の佐藤紀伊守父子を攻め立て苦しめていた。遂に信長は佐藤父子を道案内として堂洞砦を攻めてこれを落とした。

このように永禄七年、八年の信長の東美濃攻略の時期に、坪内一党は木下藤吉郎等とともに数々の戦いに参加して戦功をあげていたのである。

参考資料

織田系図（『武功夜話』より一部改変作成）

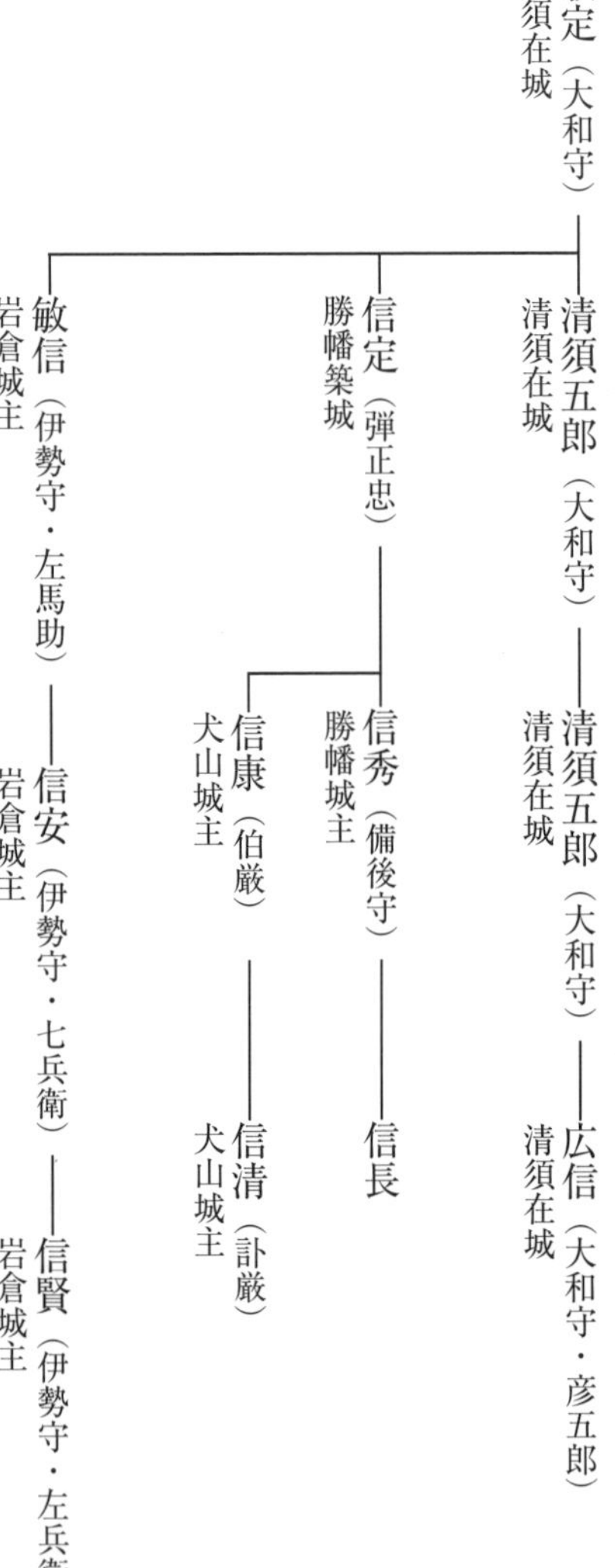

参考文献・引用文献

①『武功夜話』訳注者 吉田蒼生雄、新人物往来社、一九八九年

②『「武功夜話」研究と二十一巻本翻刻Ⅰ・Ⅱ・Ⅲ』編集・制作 武功夜話研究会、発行所 松浦武（私家版）、二〇〇八年

③瀧喜義『「武功夜話」のすべて』新人物往来社、一九九二年

④『太閤素生記』改定史籍集覧、第十三冊（別記類 第二）、臨川出版、一九八四年（復刻版）

⑤小瀬甫庵『太閤記』新日本古典文学大系六〇、校注者 檜谷照彦、江本裕、岩波書店、一九九六年

⑥冨永公文『松下加兵衛と豊臣秀吉』東京図書出版会、二〇〇二年

⑦名古屋市立博物館編『豊臣秀吉文書集』吉川弘文館、二〇一五年

⑧奥野高廣『増訂織田信長文書の研究』上巻、吉川弘文館、一九八八年

第一章　鳴海・桶狭間の戦い

はじめに

いわゆる桶狭間の戦いは、永禄三（一五六〇）年五月十九日の鳴海の瀬山際と、翌二十日の桶狭間の田楽坪で、二日間にわたって繰りひろげられた戦いであった。

①『新修大津市史』も、いわゆる桶狭間合戦が、五月十九日と翌二十日の二日間にわたっておこなわれ、今川義元は二十日に首を討たれたとしている。また信長は、この合戦のために近江守護観音寺城主（蒲生郡安土町、現近江八幡市）六角義秀から援軍を受けていた。

一、今川義元出馬

永禄三（一五六〇）年五月十日、駿河の大守今川義元は駿河・遠江・三河の大軍勢を引率して駿府（静岡市）を発向した（②『改正三河後風土記』③『伊東法師物語』）。この時の義元の官途名について④『瑞光院記』に、永禄三年五月八日今川治部大輔源義元は参河守に任官し、子息従五位下氏實が治部大輔に任官したと記されているので、正確には今川三河守源義元と記すべきであろうが、本稿でも慣例に従って今川治部大輔義元と表記する。

先ず、義元の出馬の目的について述べる。

これより一年前の永禄二（一五五九）年二月、織田伊勢守信賢の居城岩倉城を落として尾張をほぼ平定した信長が五百程の兵を率いて初上洛し、室町将軍足利義輝に謁見した⑤『言継卿記』、『信長公記』）。

同じく永禄二年四月、越後（新潟県）の長尾景虎（のちの上杉謙信）が五千の兵を率いて上洛した。この時、上洛途中の加賀国（石川県）では本願寺門跡の従者が饗応し、越前国（福井県）では国主朝倉義景が饗応した。近江国（滋賀県）では江州守護佐々木修理大夫義秀が橋等を修理し、旅館を提供して景虎を饗応した⑥『上杉家御年譜』）。

一方今川義元も、永禄二年に上洛を望んでいた。⑦『江源武鑑』巻第九、永禄二年二月十四日条によると、義元は使節をもって永禄二年二月に、江州観音寺城主佐々木六角義秀に上洛の予定を伝えた。しかし、六角義秀は上洛のための義元の近江国内の通行を断った。

ここであらためて、今川義元の出馬の意図について記すこととしたい。

『上杉家御年譜』は、信長を討ち滅ぼして京都に旗を押し立て、天下を握ろうと思った。そこで、先ず軍勢を尾張国（愛知県）に遣わして、智多郡を切り取り、今川の武威を尾張の国中に振るわせたのち、大軍勢で発向したとしている。

また、⑧『足利季世記』は、永禄三年五月の義元出馬について、上洛して京の将軍義輝に出仕するためとしている。

一方最近の研究で有光友学は、著書⑨『今川義元』で義元の出陣について、「永禄年以降の経緯をたどれば、当初予定したと思われる時期より一年近く後にずれているとはいえ、着々と準備を重ね、相当の決意をもって、出陣していることがうかがえる」。そして、『信長公記』によるとして、大高城際の黒末（天白）川に、うぐいらの服部水軍を呼び寄せていたということであり、陸海両面から尾張攻略を考えていたといえると述べている。

ここで、義元の出馬について、筆者は次のように考えるところである。

室町将軍足利義輝の又従兄弟佐々木六角義秀に、永禄二年二月の上洛のための近江国内の通行を断られた今川義元は、力ずくで尾張に攻め入り、先ず六角義秀の盟友織田信長を滅ぼし、尾張を平定したうえで、捲土重来を図り上洛せんとした出陣であったと考える。

次に義元の軍勢について、『武功夜話』は三万有余人と記している。しかし、先の有光友学著『今川義元』によると、義元の軍勢は二万五千人（『北条五代記』）とも四万五千人（『信長公記』）ともいわれるとしている。さらに小和田哲男氏の著書⑩『今川義元』（「第七章　桶狭間の戦い」）では、今川氏の史料には書かれたものがないが、北条氏と武田氏の関係史料等によって、義元の軍勢は二万五千であったこと、そして義元本隊の出陣は五月十二日であったことが詳述されている。

次に、今川義元本陣の駿府（静岡市）発向の道程について記す。

三河深溝松平家忠の日記⑪『家忠日記増補』によると、「五月十日義元四萬餘騎ノ人数ヲ卒シ駿府ヲ立出藤枝ニ着陣」とある。すなわち、義元は五月十日駿府を発向して、その日は藤枝に着陣している。また、『伊東法師物語』の永禄三年五月十七日条に、「五月十日巳刻（午前十時頃）大将義元駿府を打立」とある。

その後の義元本陣の道程は次のようであった。『改正三河後風土記』もほぼ同様の記述である。

五月十日　巳刻（午前十時頃）義元駿府（静岡）発向、藤枝着陣、先手は大井川を越えて佐夜中山・日坂に陣を取る

五月十一日　義元懸川（掛川）着陣、先手は見付国府（磐田市見付・同市国府台）・鎌田ヶ原（磐田市鎌田）・見かの原（磐田市三ヶ野）

五月十二日　義元まむし塚（静岡県袋井市）で野陣

五月十三日　義元浜松着陣、池田の原にて諸勢を揃える。義元は本坂越え（浜松市北区）で西上

五月十四日　義元吉田（愛知県豊橋市）着陣

五月十五日　義元岡崎（愛知県岡崎市）城着陣、三河国の諸勢を改め、陣所備えを定める

五月十六日　義元三河国池鯉府（愛知県知立市）着陣、桶狭間に陣所を据える

五月十七日　義元尾張国沓懸城（愛知県豊明市沓掛町）着陣

右の義元西上（せいじょう）の道程は『伊東法師物語』の記述に基づいて筆者が整理したものである。なお、のちの編纂書であるが、⑫『武徳編年集成』も義元の駿府出陣を五月十日と記している。

先の義元本陣の道程によると、義元は五月十五日三河国岡崎に着陣した。織田方に挟まれた大高城（名古屋市緑区大高）は兵糧が欠乏して危機に瀕していた。そこで十五日夜に、義元は松平元康（のちの徳川家康）を呼んで、兵糧入れの任務を命じた（『改正三河後風土記』）。

五月十七日、義元は三河国（愛知県）から境川を越えて尾張国愛智郡沓懸（愛知県豊明市沓掛町）に着陣した（『上杉家御年譜』、『信長公記』、『江源武鑑』）。

十八日酉刻（午後六時頃）、松平元康は大高城へ兵糧を入れた（『改正三河後風土記』、『江源武鑑』、『信長公記』）。

同じく十八日夕方、織田方の佐久間大学盛重等が守る丸根（まるね）砦（大高城に対する付け城）と織田玄蕃信平等が守る鷲津（わしづ）砦（同じく、大高城に対する付け城）から清須城の信長のもとへ今川勢の情勢を知らせる注進が続いた。

織田方の対応の様子については、義元の先手が掛川に達すると、その報せを聞いた清須城中では深閑として声は無く、家老衆等が軍議を重ねるも良い策は無かったという（『武功夜話』翻刻Ⅰ巻二、八七頁）。

図　桶狭間の位置関係

その後、十八日夕方におよんでも、丸根砦の佐久間大学や鷲津砦の織田玄蕃から注進が届くも、清須城中では相も変わらず軍議は無く雑談ばかりで、十八日夜更けに、家老衆たちは帰宅させられた（『信長公記』）。

二、織田信長の戦略

この項はおもに、『武功夜話』翻刻Ⅰ巻二を参照して記述してゆく。

永禄三（一五六〇）年春先、駿河の今川義元の動向の風聞が燎原の火の如く、またたく間に尾張国中に広がった。義元が四万の軍勢を催して西上、尾張一国を併合して京に上り天下に号令するとか、上総介信長所詮は蟷螂の斧、すなわちカマキリが斧をもって大きな象に立ち向かうようなものだとか、清須城を明け渡して逃げるのではないかなどという風説が巷に流布した。そのため尾張国中が、この不測の事態に未だかつてない存亡の危機にたち至った。

同年三月、信長が郡村（江南市）の生駒八右衛門家長の屋敷に忍びでやってきた。信長は少しも変わったところは無かった。屋敷に集まっていた一同の者どもが心配して意気消沈しているところ、信長は気にもせず呵々と大笑いした。村の漁師が進上した小さい川鮒を賞味しながら、漁師を傍に呼んで、川の水加減はどうか等、相変わらず魚取りの話に打ち興じ大変ご満悦で、気苦労等いささかもないようであった。

吉乃（きつの）（信長室）の兄生駒八右衛門が堪えかねて、蜂須賀小六と前野小右衛門の両人を催促して、三河方面の街道筋の状況を逐一申し上げさせたところ、信長は篤と聞いていたという。先程まで漁師を召し寄せて砂取りに打ち興じ遊びこけていた信長は一辺して眼光鷹の如く見据えた。一同の者達は居すくんでしまったという。

蜂須賀小六は恐る恐る次のように申し上げた。

> 今川義元の西上は五月に間違いありません。其（蜂須賀小六）が調べました処、三河（愛知県東部）街道筋端々にすでに兵糧を用意し置いています。触れ書きが松平元康の名で出ています。岡崎松平党は与力になられて、尾州・三州の境目の先駈け先陣を受け給わった由です。おそらく駿河・遠江・三河の人数は三万は下らず、府中（静岡市）、浜松、掛川辺りは並々ならない陣触れです。義元が府中を進発すれば、三、四日を経ずして尾張（愛知県）境に達します。尾張領内の鳴海の諸城を佐久間大学（盛重）殿が固く守備しており

ますが、わずか三、四百の人数では防ぐ手立てがありません。仮に身続ぎ（加勢）の人数を遣わされても、駿・遠・三の猛勢が一度に攻め懸れば、八幡大菩薩の御加護あっても、捨て殺しになる事、如何とも成し難いことです。弓箭（きゅうせん）（弓矢）をもって誉とする我等であります。上様（信長）の御用とあらば一命を進上する覚悟であります。

（『武功夜話』翻刻Ⅰ巻二、八六頁）

信長はこれに対して策は無いと次のように述べる。

聞き及ぶ所駿河勢は我等の十倍の人数、国中の兵を寄せ集めても四千を超すことはない。敵は鉄椎の陣容である。少数の兵をもってこれに備えれば、いたづらに敵を勢いづける。清須城に責めて来るのは避けられないこと、籠城するには清須は小城で、戦を引き延ばす手立てではない。この状況において、野戦で勝負を決しようとするならば、蟷螂の斧という喩えにもあるように、カマキリが大きな象に立ち向かう如くで、これ以上の愚かなことはない。備えあって無きがごとし、構えずして構え待つ、人間の生涯五十年、乾坤（けんこん）（天地）を払って立ち、その間に間合いを見定めるのが肝要だ。先ず先に、梁田鬼九郎を鳴海表に差し遣わして、干潟道、鎌倉道の両道の下見をさせている。小坂孫九郎の柏井衆、比良の佐々衆は龍泉寺（名古屋市守山区竜泉寺）にて待ち構え、無闇に功を焦ってはならない。

蜂須賀小六と前野小右衛門は今川義元の軍列を足止めするような手立てを考えるべきだと秘策を命じた。

（『武功夜話』翻刻Ⅰ巻二、八六～八七頁）

信長は備えず構えずして、敵に悟られぬよう機に応じて対処、この時間合いこそ重要と考えていた。すでに鳴海表（名古屋市緑区鳴海）へ遣わしていた梁田鬼九郎と協力して駿河勢三万有余と義元の動向を逐一注進せよと蜂須賀小六と前野小右衛門両名に諜報活動を命じた。

さらに、郡村の生駒屋敷に小姓衆と都合三騎でやって来た時、信長は足止めした長途の軍列を率いる今川義元を如何に討取るか、次のように話した。

今度駿河の今川治部少の儀は尋常において相撲を取り難い事は明らかである。日暮れが迫ってきたところ、相見計らって討ち入り義元を討取るべきだろうか、軍平が動いている時、討ち取るのは至難の業である。備えに向って討ち入るのは、灯火に入る夏の虫の如くである。駿河勢は長途の軍列の兵どもである。軍平がくつろいだところに隙ができ、天与の機にすかさず討ち入るべきだ。夜討に過ぎるものはないだろうか。はたまた、義元が足止めしている時に討ち入るべきか、何れにしても国境においての出入りで討ち果たすべきだと話された。

（『武功夜話』翻刻Ⅰ巻二、八八頁）

当日屋敷に参会した面々は、佐々隼人正政次（成政の兄）、同内蔵助成政、蜂須賀小六正勝、前野小右衛門長康、生駒八右衛門家長、前野孫九郎雄吉（長康の兄）の六名であった。

五月十七日、いよいよ義元は尾張国愛智郡沓懸（沓掛）に着陣した。信長にとって、尾張の国境に入った今川勢の動静と進路を探り、さらに逐一正確な情報を入手することが必要であった。

蜂須賀小六と前野小右衛門は細作（諜報活動や味方に付けるなどの工作）のため沓懸城下に出ていた。蜂須賀党、前野党の面々はそれぞれ勝手に変装して沿道の百姓に入り混じり、義元の陣所の近くまで出て祝賀の列に入った。そこで窺っていると、義元が大高に向かうとの情報を得た。梁田鬼九郎は急いで熱田周辺の井戸田（いどた）（瑞穂区井戸田）で待ちかまえていた信長に報告した。

五月十九日、今川義元が沓懸から大高城に入ることを知った百姓、僧侶、神主等は語らい合い、酒、勝栗、昆布、肴を用意して、沿道に出て義元の輿が来るのを待ち受けた。この日は暑さ甚だ厳しく、木立ちも無く長途の軍旅であった。裕福寺村（愛知県愛智群東郷町）の庄屋藤左衛門が献上の品々を差し出し、恐る恐る祝意を申し上げたところ、義元は輿を止め「我これより織田上総介信長を退治、尾張国中を制圧して民、百姓を安堵させるべく全て事を改める。

今後は何事によらず違背なく承知するように」と言葉を懇ろにかけた。藤左衛門始め一同の者も心服の旨を申し上げた。

長途の軍列は真直ぐに道を取らず、桶狭間への道に差し向かった。下りの山道を抜けて軍列が進んでいたところ、日照り続きの猛暑に軍兵は疲労が重なっていたのか、丁度午刻（正午頃）に平坦な所で木立ち繁る場所を見つけて軍列は休止した。桶狭間道に差し向かった軍列が、木立繁る場所で丁度午刻（正午頃）に休止したことを梁田鬼九郎の郎党がいち早く熱田周辺の井戸田にいた信長に報告した。

『信長公記』には、信長は熱田から上道を揉みに揉んで、丹下砦を経由して善照寺砦へ到着したとある。砦から周辺を見た信長は「御敵今川義元は四万五千引率し、おけはざま山に、人馬の息を休めこれあり」と言ったと記述されている。しかし、善照寺砦に現われた信長が、義元は「おけはざま山」で休憩中と如何にして把握したのか、その経緯が『信長公記』に書かれていない。

信長は梁田党、蜂須賀小六率いる蜂須賀党、前野小右衛門一党の細作・飛人などによる徹底した諜報活動をおこなっていたのである。その結果、今川勢の長途の軍列の動向を探り、義元本陣の居場所を確実に把握していた。

信長の戦略は、徹底した諜報活動と備えず・構えず・間合いを見はからった奇襲戦であった。

三、江州佐々木六角家へ援軍要請

信長の手勢は少数だった。織田家の軍勢について『信長公記』は、信長が善照寺砦から中島砦へ移る時の軍勢は二千足らずと記す。また『改正三河後風土記』は「五千に過ざる小勢」（第七巻「桶狭間合戦付今川義元討死の事」）としている。

江州佐々木六角家から信長への援軍について、『改正三河後風土記』第七巻「信長出陣並熱田社願書の事」に、「原著佐々木承禎より加勢の事を記す。妄説ゆえ柵さる」と注記されている。従って『改正三河後風土記』の原著には江州佐々木六角家から援軍があったことが記されていたのである。

また、『上杉家御年譜』の永禄三年五月下旬の条に、五月七日信長から江州佐々木六角義賢入道承禎の方へ使者が来て加勢を頼んできたという記述がある。そこで江州佐々木六角家では、大将として前田右馬助と乾兵庫助、それに二千三百余騎を差し添えて、五月九日近江（滋賀県）を発って尾州（愛知県）へ向かわせたという。

『上杉家御年譜』でさえも、近江守護佐々木家嫡流の観音寺城主六角義秀（六角氏綱の孫）と、六角氏綱弟で箕作城主の六角定頼の子、六角義賢とを混同している。

実は、この時の六角氏家督は近江守護観音寺城主六角義秀であった。義秀の父義久と前将軍足利義晴とは従兄弟関係であった。従って義秀と十三代将軍足利義輝とは又従兄弟となる（序章一参照）。援軍を派遣した観音寺城主六角家と室町足利将軍家とは婚姻関係で強く結ばれていた。この六角義秀が信長に援軍を出したのである。

話が逸れるが、丸亀藩京極家旧蔵⑬『六角佐々木氏系図略』によれば、六角義秀の子義康の母について「母は右大臣信長公女、実は信長兄信康女」とあり、義康は「元和九年正月二十日、逝去六十歳」としている。

この『六角佐々木氏系図略』に記される「信長兄信康」とは、信長の父信秀の弟、織田与二郎信康のことである。信長の叔父信康は天文十六（一五四七）年美濃瑞竜寺山の戦いにおいて討死した。六角義康（のち改め義郷）の母の出自は、信長の叔父の犬山城主織田信康家だろうと考える。義康は元和九（一六二三）年、六十歳没とするならば、義康の母の六角義秀への輿入は、逆算して永禄六（一五六三）年以前となる。

ところで、桶狭間の戦いのあとの永禄三（一五六〇）年、観音寺城主六角義秀に織田家の息女の輿入れがあったという伝承記録があるので紹介する。

『江源武鑑』によると、この婚儀に対して一門の箕作六角承禎（定頼の長男義賢、永禄元年出家して抜閑斎承禎と号す）等が反対した。そこで、将軍足利義輝から六角義秀宛てに「尾州の織田上総介信長の女を江陽に迎えることは喜びとする。早速沙汰を致すので宜しく進められよ」との御内書が観音寺城へ下されて、永禄三年十月二十九日正午、観音寺城に織田家の息女の腰入れがあったと伝承されている（永禄三年十月二十九日条）。この婚儀は、六角承偵・義治父子と六角義秀重臣団の京極長門守高吉・浅井備前守長政・後藤但馬守賢豊・進藤山城守賢盛等との対立の元となったという。

さて、『江源武鑑』永禄三年五月七日条によると、信長は書状を持って、近江国（滋賀県）守護六角義秀へ援軍を要請した。すなわち、今川義元が数万騎を以て近日上洛するというので、小身とはいえ義元の西上の道を塞ぎたい。しかし、兵力が微小なので加勢を給わりたいという内容であった。この信長の要請に応えて、五月八日江州の佐々木六角義秀から前田右馬頭と池田庄三郎に甲賀七人衆が差し添えられ、二千三百有余騎の援軍が派遣された。

ここで、合戦の後のこととなるが、義秀が家臣堀伊豆守へ宛てた感謝状が『江源武鑑』永禄三年六月四日条にあるので紹介する。

五月八日織田上総介が加勢を要請したので池田庄三郎・前田右馬頭の両将を差し向けた。同月十九日三河と尾張の国境の桶羽佐間山に於いて、其方（堀伊豆守）は数輩に下知して、義元の四万有余騎の強兵を乗り崩すした働きぶりは比類無い手柄である。掌として赤井の領地八千貫を与える。この上は専ら忠義に抽んでるべし。よって件の如し

永禄三年六月四日　　義秀御在判

堀伊豆守殿へ

この書状の写しは合戦のあと、侍大将前田右馬頭の報告に基づいて、加勢の軍兵の中で抽（ぬき）ん

でた働きをした堀伊豆守に与えた六角義秀の感謝状である。やはり援軍は派遣されていたのである。

これとは別の六角義秀の感謝状が知られている。⑭『甲賀郡志』下巻一一二一頁に「馬杉丹後守宛永禄三年六月五日付義秀書状」が載せられている。これは開田氏所蔵文書で、開田氏は馬杉氏の後裔であるという。

去月（五月）八日清須織田上総介に加勢前田・池田両将を差し越したところ、同十九日三河と尾張の国境の桶狭間に於いて将士を下知して義元四万余騎乗り崩し、勝算を失わせた働き、その賞として甲賀郡のうち二千貫（目録付き）を給地する。これより以後は専ら忠義者として励むように。

永禄三年六月五日　義秀（花押）

馬杉丹後守殿

やはり、佐々木哲氏の著書⑮『系譜伝承論―佐々木六角氏系図の研究』（一六六頁）にもこの文書が収載されている。この「馬杉丹後守宛永禄三年六月五日付義秀書状」も慎重に扱う必要があるとしながらも、「永禄三年の桶狭間の戦いで、義秀は甲賀武士の池田氏や前田氏を織田信長方に派遣している」と述べられている。信長に援軍を派遣した佐々木六角義秀については序章で述べたので参照されたい。

四、織田信長出陣

先ず、信長出陣前の清須城内の様子と双方の布陣について述べる。

清須城内では、織田家々老衆が二千足らずの織田方の軍勢で籠城戦、野戦の何れにおいて勝負を決しても勝利はないと考えられていた。『信長公記』は、五月十八日清須城内の夜の話として次のように記す。

軍の行は努々これなく、色々世間の御雑談までにて、既に深更に及ぶの間、帰宅候へと、御暇下さる

（首巻「今川義元討死の事」）

すなわち、戦いの術（すべ）はゆめゆめこれなく、世間の雑談だけで夜更け（深更）に及んだので、織田家の重臣達を返した。そして、家老衆は「運の末には智慧の鏡も曇るとは今夜のことよ」と口ぐちに信長を嘲弄して城から帰ったという。

ここで、今川家の布陣の概略を記す。

大高城　　鵜殿長助長照、のちの松平蔵人元康

鳴海城　岡部五郎兵衛元信
笠寺城　葛山播磨守信貞
三浦左馬助義就
飯尾豊前守顕茲（乗連）
浅井小四郎政敏
澤田長門守忠頼
今川中務丞

等の軍将七人に八千余騎を添えて、鳴海近辺に織田家への備えとして配置していた（『上杉家御年譜』、『改正三河後風土記』）。なお、鳴海城は名古屋市緑区鳴海町、笠寺城は名古屋市南区笠寺町の近辺と考えられる。

これに対して、信長は義元の駿・遠・三の大軍勢を阻止するため、次のように鳴海城への付け城をこしらえた。

丹下砦　水野帯刀忠広
山口海老之丞盛隆
拓植玄蕃允友顕他三百四十三騎

善照寺砦　佐久間右衛門尉信盛
同舎弟左京亮信辰他四百五十騎

中島砦　梶川平左衛門一秀（高秀）
　津田右近助他二百五十騎
また、南の大高城（名古屋市緑区大高町）には織田方の付け城として
丸根城　佐久間大学盛重
　山田藤九郎他百五十騎
鷲津砦　飯尾近江守定宗
　同舎弟隠岐守信宗
　織田玄蕃允信平他五百二十騎
各砦に総勢千七百十三騎を配置して守備させた（『上杉家御年譜』、『江源武鑑』）。
また、織田方の各砦の守備兵力について『改正三河後風土記』も千七百十三騎とする。さらに、『江源武鑑』は中島砦の守備兵を二百六十騎として十騎多く記しているが、その他の各砦の守備勢の数は全く同様である。

永禄三（一五六〇）年五月十九日黎明、織田方の丸根・鷲津両砦は今川の先陣朝比奈備中守泰能・井伊信濃守直盛、松平蔵人元康の諸士によって攻め落とされた。

五月十九日夜明け、清須城の信長のもとに、鷲津砦と丸根砦が攻撃されたという注進があった。しかし、信長は身続（みつぎ）（加勢）の兵を出さなかった。この時、信長は敦盛の舞を演じたという。「人間五十年、下天の内をくらぶれば、夢幻の如くなり。一度生を得て、滅せぬ者のある

べきか」（人の世の五十年は、下天〈化楽天の一日〉に比べれば短くて夢幻のようだ。一たび生を得れば滅せぬ者はなし）と謡うと、にわかに具足・鎧をまとい、主従六騎で清須城を出陣した（『信長公記』）。

御供の御小姓、岩室長門守、長谷川橋介、佐脇藤八、山口飛騨守、加藤弥三郎と主従六騎で清須城を出陣した信長は、三里（約十二キロメートル）の道を約二時間で駆け抜けて、辰刻（午前八時頃）熱田大明神社へ参拝し、神前にて戦勝祈願をした（『信長公記』、『改正三河後風土記』）。

ここで、信長の移動行程を見ると、清須から熱田まで十二キロメートル余り、熱田から鳴海の近くの善照寺砦（名古屋市緑区鳴海町）まで、直線距離で約八キロメートル余りと推定できる。さらに、善照寺砦から桶狭間まで三〜四キロメートル余りであったと考えられる。

『信長公記』によると、熱田大明神社に到着した信長が、東方を見ると、鷲津・丸根両砦が落去と覚しき煙があがっていた。この時、信長は馬上六騎、雑兵二百ばかりの手勢であった。浜手より進めば程近いが、潮が満ちて馬が駆け抜けられず、熱田から上の道を揉みに揉んで丹下砦を経て、佐久間右衛門尉信盛が守備する善照寺砦に着陣した。ここで織田の軍勢を勢揃えさせたといわれる。この時の信長の軍勢は「二千に足らざる御人数の由」であった。善照寺砦に着陣した信長は周辺を見て、「御敵今川義元は、四万五千引率し、おけはざま山に、人馬の息を休めこれあり」（首巻「今川義元討死の事」）と判断したと記される。

『信長公記』のこの記述を見る限り、信長は熱田から善照寺砦に到着した時、義元本陣の居場所をすでに把握していたと考えられる記述である。『信長公記』の著者太田和泉守牛一は何故その経緯を記さなかったのか。まさに疑問が残るところである。

これより、太田和泉守が『信長公記』に記録しなかった「今川義元討死の事」について、『上杉家御年譜』、『改正三河後風土記』、『江源武鑑』等、そして人名の一部は⑯『日本戦史桶狭間役』（両軍将士姓名表）等の記述を参考にして、二日間にわたった合戦を詳述する。

五月十九日未明、鷲津・丸根両砦が攻め落とされて、鷲津の飯尾近江守定宗、丸根の佐久間大学盛重等が討死した。

鷲津・丸根両砦が落去したという注進を受けて、信長は同十九日卯刻（午前六時頃）、旗本勢一千二百余騎で清須城を打ち立った（『江源武鑑』）。旗本勢の先陣は、織田造酒允信房（清正）・岩室長門守貞孝（重休）・長谷川権之助好秀（橋介）・佐脇藤兵衛興世（良之、前田利家の弟）・山口飛騨守弘繇・加藤采女正教正・同弥次郎（弥三郎）教明・河尻馬之允鎮裕・同与兵衛鎮吉・梁田出羽守政綱等、左備えは江州佐々木六角家より加勢の前田右馬頭兼利・池田庄三郎（勝三郎）信輝、右備えは織田大隅守信広・同三郎次郎信実等であった（『上杉家御年譜』、『江源武鑑』、『改正三河後風土記』）。

右の旗本勢の先陣に、佐々内蔵助成政の名が⑰『甫庵信長記』、『上杉家御年譜』、『改正三河後風土記』の諸書には必ず記載されている。しかし、佐々隼人正政次、同内蔵助成政等は途中から信長の旗本勢と合流したので、ここでは清須城を打ち発った旗本勢の先陣から佐々政次、同成政の名を省いた。無論『江源武鑑』の記述には清須城を打ち発った旗本勢の先陣の中に佐々成政の名前はない。

この事情について、『武功夜話』翻刻I巻二の記述を参考に説明を加える。

信長が生駒屋敷に出張してきた時に、蜂須賀小六の蜂須賀党は早々沓掛に出立して義元の動静を細作するようにすでに指示されていた。佐々成政と小坂孫九郎の柏井衆は五月十八日には龍泉寺（名古屋市守山区竜泉寺）で下知あるまで鳴海へ出ないようにとのお達しであった。

信長の指示で龍泉寺を先発していた佐々政次（成政の兄）から、五月十九日「只今清須信長様志を決し候、清須御城を御発向成られ候なり、速やかに辰上刻（午前七時頃）までには星崎（名古屋市南区本星崎）辺りまで駆け付けられよ。」と龍泉寺の佐々成政と小坂孫九郎等のもとに明け方近く注進があった。成政と孫九郎の柏井衆二百余人は朝方に龍泉寺を駆けだし星崎辺りに着いた時、信長は熱田から善照寺砦（名古屋市緑区鳴海町砦）へ向かったあとであった。

以上の事情で、佐々成政は清須発向の旗本の先陣には入っていなかったのである。

五月十九日辰刻（午前八時頃）、信長は熱田大明神社に参詣・参拝した。右筆武井肥後入道夕庵を呼んで、熱田大明神の宝前に宛てて、永禄三年五月十九日付け平信長の願文を認めさせた。その願文を神前で高らかに読み上げて、鏑矢（かぶらや）（筆者注、戦の合図の矢）に巻き付け、熱田大明神の宝前に奉納した。この願文に「彼多勢及四万有余、此無勢僅三千不足矣」（彼義元は多勢四万有余、此方は無勢わずか三千足らず）と記録されていた（『改正三河後風土記』）。熱田から浜手の道は潮が満ちて馬で駆け抜けられず、笠寺（名古屋市南区笠寺）東の細道を廻り、各砦に配置していた軍兵を悉く率いて、善照寺砦の東の山の峡で五千余騎の軍勢を揃えた（『上杉家御年譜』）。この「笠寺のひがしの細道」とは『信長公記』では「かみ道」と記している道に相当すると思われる。また、ここでは信長の軍勢を五千余騎としているのは江州勢二千三百余騎を併せた数字であろう（『江源武鑑』同年五月八日条）。

五月十九日、信長は善照寺砦の東方で勢揃えした五千余騎を二手に分けて進めた。信長の指示で、一手の佐々隼人正政次・千秋四郎大夫季忠等は鳴海の敵に向かった。これに対して、鳴海では駿河勢の先陣葛山播磨守信貞・同舎弟備中守、富永伯耆守氏繁等が瀬山の際に扣えていた。この時、信長の先手は今川方先陣に逆寄せ、火急に攻め討った。駿河勢は昼飯をたべていたので、敵の襲来等は思いもよらず油断していた。そのところへ織田勢が鉄炮を撃ち掛け、弓矢を放った。今川家の軽卒・雑兵等は弓・鉄炮を投げ出して四方八方へ逃げ散った。銃はあれど玉薬を使えず、武者どもも慌て騒いで鑓を取り一戦したが、不利となり敗走する者があった（『上杉家御年譜』）。

しかし、今川の将士朝比奈小三郎秦秀、庵原右近忠春、三浦左馬介義就等が踏み止まって奮戦し、信長の軍将佐々隼人正政次、千秋四郎大夫季忠が討ち取られた。大将二人が討死して、信長方の備えは乱れ、敗北せんとするところへ、信長の将士岩室長門守貞孝（重休）が横合いより突き入って駿河勢を追い立てた。しかし、大勢に取籠られてついに岩室長門守も討死した（『上杉家御年譜』）。

筆者はこの一戦を「瀬山際の合戦」とよぶこととする。

駿河勢は織田家の佐々政次・千秋季忠・岩室貞孝（重休）三将の首を持って、桶狭間の陣所に帰参して義元の見参に差し出した。今朝（十九日）鷲津・丸根の両城を攻め落とし、今また敵方の士大将三人の首を取ること、軍中の吉兆なりと義元は喜んだ。鳴海、桶狭間に駐屯している軍兵に酒肴を与えて軍労を謝した。一方、信長は先手の佐々・千秋・岩室等の討死を聞いて、夜中（十九日の夜中）に鳴海に向かわんとした。

以上が、『上杉家御年譜』に基づいた「瀬山際の合戦」の概略である。

『信長公記』首巻に、この合戦と思しき記述が簡単に載せられている。その部分を要約する。

信長が善照寺へ到着して、佐々隼人正、千秋四郎が三百騎ばかりで、今川の足軽勢に攻め懸った。駿州の多勢は一機にどうと懸って来たので、千秋四郎・佐々隼人正はじめとして五十騎ばかりが、鑓の鋒先で突かれて討死した。そして、義元は「我が鋒先には天魔鬼神も忍べからず。心地はよし」と悦んで、緩々として謡をうたわせ、陣を据えたという。

しかし、岩室長門守が討死した記述は見当たらない。ちなみに『信長公記』首巻「於久地惣構へ破るゝの事」の条において、（永禄五年）六月中島豊後が守る丹羽郡於久地城攻めで、岩室長門守はこめかみを突かれて討死したと記されている。しかし、この記述は到底信じ難い。

ところで、この一戦で信長方の将士佐々・千秋・岩室の三将と信長方八百三十騎が討死したという『江源武鑑』（永禄三年五月二十一日条）の伝承記録があるので紹介する。

手合わせの一戦にて佐々隼人正・千秋四郎大夫が討死。午後六時頃に岩室長門守が討死した。味方の織田家では軍兵八百三十騎が討死致しました。

ここでは、「瀬山際の合戦」を「手合せの一戦」と呼んでいる。岩室長門守が討死したのは午後六時頃であったことを考慮すると、この合戦は十九日の昼飯時から午後にかけておこなわれた一戦であったことがわかる。また、織田家の軍兵八百三十騎の討死の人数には驚かされる。『武功夜話』翻刻Ⅰ巻二にも、佐々党百有余人、小坂孫九郎の柏井衆二百有余人のうち、鳴海表の一戦で生き残った者は八十有余人であったとしている記録があるので、この初戦で相当多い軍兵が討死し、大将三人の首まで取られて、信長方は多大な被害を蒙ったと考えられる。

次に、この瀬山際の合戦がおこなわれた場所と時刻について考えてみたい。

先ず場所であるが、往時の鳴海の様子について記された⑱『張州府志』という史料がある。この『張州府志』の「愛智郡」の項に、鳴海村には二十八峰があり、併せて鳴海山というと記録されている。鳴海城はこの鳴海村にあったというので、当時鳴海近辺の峰々には木立が繁っていたものと察せられる。『上杉家御年譜』に記されるように、今川方の先陣、葛山播磨守信貞・同舎弟備中守・富永伯耆守氏繁等が扣えていた瀬山際という場所は鳴海城近辺の鳴海山の山中と考えられる。善照寺砦は鳴海城の付け城として近くにあった砦である。梁田党・蜂須賀党等から情報を得ていた信長が、善照寺砦の東方で勢揃えした五千余騎を二手に分けて、その一手で瀬山際に扣えていた今川の先陣を奇襲したと考えられる。従って、瀬山際の合戦は鳴海近辺の山の中でおこなわれた一戦であったと理解できる。

さらに、『上杉家御年譜』で、瀬山際の合戦について「晩景ニハ亦瀬山際ノ合戦ニ人馬疲レタリ」と記されているところを考慮すると、瀬山際の合戦はやはり十九日の昼飯時から午後にかけておこなわれたと考える。

また『改正三河後風土記』にも、信長の言葉として「敵は今朝鷲津・丸根の城責めに疲労し、又晩景には瀬山際にて苦戦し」(第七巻「桶狭間合戦付今川義元討死の事」)と同様な記述がみられることでも、この合戦が十九日の午後におこなわれたと考えてよいだろう。

以上、五月十九日昼飯時から午後にかけて、鳴海山中で繰りひろげられた瀬山際の合戦について考察した。

さて、これまでの一戦を整理して、五月十九日未明から鳴海山中の戦いまでの経過をまとめて記す。

永禄三(一五六〇)年五月十九日卯刻(午前六時頃)、一千二百余騎の旗本勢とともに清須城を打ち発った信長は、辰刻(午前八時頃)熱田大明神の社に参拝した。その後熱田周辺の井(い)

戸田にいた信長は、梁田党・蜂須賀党等から確かな情報を得てから、善照寺砦へ駆けだし、砦の東方の山あいで総勢五千余騎の軍勢を揃えて二手に分けた。信長方の一手の先陣大将は佐々隼人正・千秋四郎大夫であった。

駿河勢の先陣葛山播磨守・同舎弟備中守、富永伯耆守等が、鳴海山中の瀬山際に陣取っていた。信長方の先陣が駿河勢の昼の食事休息を狙って奇襲を懸けた。はじめ、信長方は今川方の乱れを突いて攻めたが、態勢を整えた駿河勢に大将佐々隼人正と千秋四郎大夫が討ち取られた。続けて、信長の軍将岩室長門守も討ち取られた。この瀬山際の初戦で、織田家は貴重な軍兵を多数失い、戦況は信長にとって一層不利となった。

一方、駿河勢は十九日未明、鷲津・丸根両城を攻め落とし、また十九日午後の鳴海山中の瀬山際の合戦で、信長方の佐々・千秋・岩室の三将の首を取ったので、今川義元は満足これに過ぎることなしとて、桶狭間の田楽坪でゆるりと本陣を据えた。それは十九日の宵であった。

五、今川義元討死

五月十九日の鳴海表の一戦で、信長は先手の軍将佐々政次・千秋季忠・岩室貞孝（重休）の三人が討死したことを聞いて夜中に鳴海に駆け向かわんとした（『上杉家御年譜』）。この時、池田勝三郎信輝・林佐渡守通勝・毛利新助秀高（良勝）・柴田権六郎勝家等が信長の馬の轡に取り付いて、「駿州の大勢は勝ちに乗じ、味方の小勢は気力を失っている。このまま戦っても勝つことはできない。砦に引き籠り、敵の不意を突いて戦いを仕掛るしかない」と異口同音に進言した（『改正三河後風土記』）。

ここで『上杉家御年譜』に記される信長の戦術の概略を記す。一部『改正三河後風土記』を参照した。

今夜（十九日の夜）忍び入って、義元が陣取りたる山の後へ廻り、明日（二十日）不意に軍をすれば必ず味方が勝利を得るだろう。敵は昨十八日終夜大高へ兵糧を入れて、暫しも寝るひまもなく、又今朝（十九日）鷲津・丸根の両城にて苦戦し、晩景には又瀬山際の合戦で人馬は疲れている。今日又大雨が降れば夜討入りかと、敵の軍兵は用心して、夜も安心して寝られない。連日連夜寝られなければ身心ともに疲れる。その上、敵は度々の戦に討ち勝って、大将は奢り諸士は怠り、敵を怖れる心を失くして必ずや油断する。軍の勝利は不意を討つことに優る方法なし。

信長の敵の不意を討つ奇襲戦術に対して、『信長公記』では、信長は勝利の運は天にありと言ったと書かれている。その一部を意訳して示すと「今川方の先陣は疲労した武者だ、こちら（信長勢）は新手である。二千に足らざる小勢だが、大敵を怖れること勿れ。運は天にあり。この言葉を知らぬか」（首巻）と信長は家老に言い聞かせたというが、『信長公記』のこの部分の記述は信憑性が疑われる。

十九日夜、信長は軍勢を二手に分けて、旗、腰印を押し隠し、馬の轡を紙で巻いて、馬の舌根を結んで嘶（いななか）せないように準備して、密かに「おけはざま山」の後に二手ともに押し廻わらせた。山の後に廻る途中、夏の夜は明けたが、兵を山の中に隠して、敵の不意を討つ機会を窺った。

翌五月二十日、車軸を流す程の大雨になった。暫く雨を凌ごうと、義元を始めとして軍兵皆帷幕（いばく）を垂らして疲れを休めていた。駿河勢の先陣は義元本陣より遥かに隔てた西の山陰にあった。先陣の陣所でも同じく帷幕を引いて休息していた。前田又左衛門（利家）、木下雅楽助嘉季、中川金右衛門秀胤、毛利河内守秀頼、同新助秀高、佐久間興五郎致実等が一番に駿河勢の先陣に駆け入って首を取り、信長の首実検に差し出した。信長は首途（かどで）の吉事と大いに喜んだ。

その後、地理に明るい梁田出羽守政綱（梁田弥次右衛門）が「この道筋を押し寄せれば、必ず敵の後に出て大将を討取る事ができます。御急ぎ下され」と進言した。

一方、義元は只今、敵の逆襲など思いもよらず、「桶狭間の内田楽坪と云う処に午餉（ひるげ）つかい酒飲て大雨を凌ぎ、何心なく居たる処へ」（『上杉家御年譜』）、信長の先陣、織田造酒丞信房・林佐渡守通勝・毛利新助秀高・森三左衛門可成・中条小一郎（中条将監）・遠山甚太郎景恒・同河内守・梁田出羽守政綱等が一手になり進んだ（『改正三河後風土記』）。

ここで、森三左衛門は、少数の味方が徒歩で攻めれば、駿河勢に備えを設けさせて騎馬の軍兵には負けるであろう。味方が馬で駆け破り、駿河勢が周章狼狽するところを、隙を突いて大将義元を討ち取るべき。大将さえ討ち取れば、たとえ敵は十万を超えようとも、敗北することはないと信長に献策した。

その時、義元の陣所は帷幕を垂らして、旗本勢も大雨が止んで晴れるのを待つあいだ酒を飲んでいた。今川方では、信長は勇猛果敢であるが、遠路を打ち出て野戦を仕掛るより、籠城して防戦するだろうと受け止められていた。このように、旗本勢が油断していたところへ、三万有余の駿・遠・三の大軍の先陣を差し置いて、思いも寄らぬ後脇から、信長の先頭百余騎が義元の旗本へ打ち懸った。駿河勢は不意に攻め寄せられて、甲冑を着るひまもなく、そのまま戦った。

丁度その時、雨は篠を突くがごとく降った。黒雲が空を覆い周辺が暗くなって、暴風雨が駿河勢に激しく吹き向かい、風雨が強く顔面を打ちつけて眼に入るので、駿河勢は近くの敵味方を見分けることができなくなった（『上杉家御年譜』）。

義元は床机に掛けて、軍兵に采配をしていたところを、信長の家臣服部小平太忠次がこれぞ敵の大将と思い、長身の鑓を持って走り懸り、義元を突いたところ、義元も太刀を抜いて小平太の鑓の柄を切り折りながら、小平太に向かって走り掛かり、小平太の膝口を力いっぱい割叩いたので、小平太は即座に倒れた。毛利新助秀高がすかさず駆けつけて、義元を突き伏して遂に首を取り、信長の実検に差し上げた（『上杉家御年譜』）。

さて、この戦いで織田家の下方九郎左衛門が義元の同朋権阿彌（『改正三河後風土記』）、ないし伊丹権阿彌康直（『日本戦史　桶狭間役』「両軍将士姓名表」）という者を生捕って、信長の前で討ち取った首を権阿彌に見せて姓名を記帳させたという。しかし『伊東法師物語』では、「義元の同朋林阿弥と云者を生捕りにして……」と記している。また『江源武鑑』にも林阿弥と伝承記録されている。

次に、この戦いの討死者を左に記す。

義元の叔父蒲原宮内少輔氏政・同甥久野半内氏忠・同妹婿浅井小四郎政敏、旗頭三浦左馬助義就・旗奉行庵原美作守元政・軍奉行吉田武蔵守氏好・後陣旗頭葛山播磨守信貞・乾阿波守元清、義元の一族に江尻民部少輔親良、鑓奉行伊豆権頭元利・左備大将岡部甲斐守長定・前備大将藤枝伊賀守氏秋・先陣大将朝比奈主計頭秀詮、この他斎藤掃部助利澄・庵原右近忠春・同将監忠縁・同彦次郎忠良・牟禮主水泰慶・西郷内蔵助俊員・富塚修理亮元繁・松平摂津守惟信・富長伯耆守氏繁・四宮右衛門佐光匡・松平兵部少輔親将・温井内蔵助実雅・松平治右衛門信輔・由比美作守正信・石川新左衛門康盛・関口越中守親将・井伊信濃守直盛・嶋田左京進将親・飯尾豊前守乗連（顕茲）・澤田長門守忠頼・岡崎十兵衛忠實・上和田雲平光範・金井主馬介忠宗・平山十之丞為行・長瀬吉兵衛長行・平川左兵衛秋弘・福井主税助忠重等将士五百八十三人であった

（『上杉家御年譜』）

『家忠日記増補』によると、義元の兵二千五百余人が討死しているという。『家忠日記』を記した深溝松平家忠は、この桶狭間の合戦に、松平元康麾下「松平又七郎家忠」名で従軍していた（『日本戦史　桶狭間役』「両軍将士姓名表」）。

次に、いわゆる桶狭間合戦が二日間にわたっておこなわれたことがわかる史料を掲載する。『江源武鑑』永禄三年五月二十一日条に、五月二十日付江州佐々木家重臣後藤但馬守賢豊・進藤山城守賢盛・目賀田摂津守宛池田庄三郎・前田右馬頭書状の写しがある。この一部を左に掲載する。この書状は五月二十一日未刻（午後二時頃）尾州に加勢として派遣されていた池田・前田から急ぎ飛脚をもって、江州観音寺城主佐々木六角義秀の三名の重臣へ注進された書状の写しである。やはり、この合戦は五月十九日と同二十日の二日間わたっておこなわれたことが明記されている。

今十九日同二十日合戦の事

一織田家今十九日午前六時清須城を旗本勢一千二百余騎打ち立つ、左備えは江陽の加勢前田右馬頭・池田庄三郎、右備えは織田大隅守・同四郎次郎、前陣は織田酒丞・岩室長門守・長谷川橋介・佐脇籐八兵衛尉・山口飛騨守・加藤采女正・同彌三郎・河尻右馬允・同輿兵衛尉・梁田出羽守等なり

一手合わせの一戦に佐々隼人正、千秋四郎大夫は討死。岩室長門守は午後六時頃に至り討

死。味方は八百三十騎討死致しました。
一江陽の加勢の内山田十兵衛尉、弓削左内、上月兵部
右三人痛手を負い今日（二十日）午後八時に果てました。この外雑兵三十七人討死し、
疵を負う者は二百七十二人でした。

五月二十日　　　　　　　　　　池田庄三郎
　　　　　　　　　　　　　　　前田右馬頭

後藤但馬守殿
進藤山城守殿
目賀多摂津守殿

この後、五月二十五日尾州より前田右馬頭兼利が江州観音寺城に帰り、甲賀七人衆も帰国した。信長は使者織田造酒丞信房を観音寺城へ遣わして「加勢を以って大勝利を得、殊に大将義元を討ち取ったこと生前の幸慶である」との書状をしたため、六角義秀に御礼を尽くした（『江源武鑑』）。

しかし信長方でも、鷲津で飯尾近江守定宗、丸根で佐久間大学盛重、鳴海で佐々隼人正政次、千秋四郎大夫季忠、岩室長門守貞孝（重休）の将士が討死にした。さらに『上杉家御年譜』に

よると、「信長方にも討たれる者は五百八十余人、手負い者は数知れず、江州佐々木六角家の加勢前田右馬助、乾兵庫介の手の者の討死は三十七人、江州の物頭山田十兵衛、弓削左内、上月兵部少の三人は　痛手を負って二十日の夜に死んだ、その他負傷者二百七十二人」であったという。

信長の手の者で討死した者が五百八十余人、負傷者は数知れない程であったというから想像以上の犠牲者が出た戦いであった。

最後に、五月十九日と二十日の二日間の戦いを「鳴海・桶狭間の戦い」と命名して、以下、戦いの経過を記す。

駿河・遠江・三河の大軍勢を率いた今川義元は、永禄三（一五六〇）年五月十日、隣国尾州の織田信長を攻め滅ぼそうとして駿府（静岡市）を発向した。小勢の信長は、近江国観音寺城主（近江八幡市安土町）佐々木六角義秀から二千三百有余騎の加勢を得て、義元の西上の道を遮ろうとした。

五月十九日黎明、織田方の鷲津・丸根両砦が、今川の先陣朝比奈備中守泰能・井伊信濃守直盛、松平蔵人元康等の将士によって攻め落とされた。この時、鷲津の飯尾近江守定宗、丸根の佐久間大学盛重等が討死した。

十九日卯刻（午前六時頃）、旗本一千二百余騎で清須城を打ち発った信長は、辰刻（午前八時頃）熱田大明神社へ参拝、神前で戦勝祈願をした。

その後、信長は熱田周辺の井戸田で蜂須賀党、梁田党からの注進を待った。ちょうど午刻（正午頃）に桶狭間道に差し向かった軍列が木立繁る場所で休止したとの注進が梁田鬼九郎から届いた。

熱田の山中で確実な情報を得た信長は、浜手の道は潮が満ちて馬で駆け抜けられず、笠寺（南区笠寺）東の細道を廻り、各砦に待機させておいた軍兵を悉く率いて善照寺砦（緑区鳴海町砦）へ向かった。佐々木六角義秀からの加勢二千三百余騎とあわせて、善照寺砦の東方の山あいで総勢五千有余騎の軍勢を揃えた。そこで軍勢を二手に分けた。織田家の一手の先陣大将は佐々隼人正政次・千秋四郎大夫季忠であった。

駿河勢の先陣葛山播磨守・同舎弟備中守、富永伯耆守等が、鳴海山中の瀬山際に陣取っていた。信長の指示で先陣大将佐々隼人正政次、千秋四郎大夫季忠等は鳴海の敵に向かった。信長方が駿河勢の昼の食事休息を狙って奇襲を懸けた。はじめ、信長方は今川方の乱れを突いて攻めたが、態勢を整えた駿河勢に大将佐々隼人正と千秋四郎大夫が討ち取られた。続けて、信長の軍将岩室長門守も討ち取られた。この瀬山際の初戦で、織田家は貴重な軍兵を多数失い、戦況は信長にとって一層不利となった。

一方、駿河勢は十九日未明、鷲津・丸根両砦を攻め落とし、また十九日午後の鳴海山中の瀬山際の合戦で、信長方の佐々・千秋・岩室の三将の首を取ったことで、今川義元は満足これに過ぎることなしとて、桶狭間の田楽坪でゆるりと本陣を据えた。それは十九日の宵であった。

この初戦で一層不利となった信長は、十九日の夜、手勢を二手に分けて「おけはざまの山」の後に廻り、夜が明けてもなお兵を山に隠し、敵の不意を打つ機会を窺った。

翌二十日、大雨は車軸を流すほどであった。義元を始めとして軍兵は、帷幕を垂れて大雨を凌ぎ、身心を休めていた。義元が昼飯を食べながら酒を飲んで、ゆるりとした気持ちで居たところへ、信長の先頭百余騎が後脇から義元の旗本へ討ち懸った。折しも大雨篠を突くが如く降り、黒雲覆い空は暗くなり、暴風雨が激しく、駿河勢の顔面を打ちつけたので、駿河勢は近くの敵をも見分けられなくなった。床机に腰掛けて采配していた義元を、服部小平太忠次がこれぞ敵の大将と思い、長鑓を握り、駆け寄って義元を突いた。ところが、義元は太刀で小平太の鑓の柄を切り折りながら走り掛かって、小平太の膝を大きく切り割った。小平太は即座に倒れた。透かさず毛利新助秀高が来て、義元を突き伏して首を取った。義元四十二歳であった。

これまで桶狭間の戦いといわれてきた一戦は、鳴海と桶狭間で繰りひろげられた二日間にわたる「鳴海・桶狭間の戦い」であったことを述べた。

「鳴海・桶狭間の戦い」は、織田信長が十三代室町将軍足利義輝の又従兄弟、観音寺城主六角義秀から二千三百有余騎の加勢を得て戦った一戦であった。それは野戦でもなく籠城戦でもなく、信長の戦略に基づいた情報戦であり、木立繁る山中で仕掛けられた奇襲戦であった。この戦いは上洛のための近江国内の通行を断わられていた駿河太守今川義元が、信長に援軍を出した江州守護六角義秀と将軍足利義輝に挑んだ戦いであったともいえよう。

参考文献

①『新修大津市史』「2中世第一章「天下への道」第二節「近江の信長」」大津市役所、一九七九年
②『改正三河後風土記』桑田忠親監修、宇田川武久校注、秋田書店、一九七六年
③『伊東法師物語』「史料稿本」九編九一〇冊永禄三年五月十七日条・二十一日条、東京大学史料編纂所
④『瑞光院記』「史料稿本」九編九一〇冊永禄三年五月八日条、東京大学史料編纂所
⑤『言継卿記』國書刊行會、続群書類従完成会、一九九八年
⑥『上杉家御年譜』米沢温故会、原書房、一九八八年
⑦『江源武鑑』佐々木氏郷編、名著出版、一九七四年
⑧『足利季世記』改訂史籍集覧、第十三冊（別記類）、臨川書店、一九八四年（復刻版）
⑨有光友学『今川義元』吉川弘文館、二〇〇八年
⑩小和田哲男『今川義元』ミネルヴァ書房、二〇〇四年
⑪『家忠日記増補』「史料稿本」九編九一〇冊永禄三年五月十七日条、東京大学史料編纂所
⑫『武徳編年集成』木村高敦編、名著出版、一九七六年
⑬丸亀藩京極家旧蔵『六角佐々木氏系図略』、東京大学史料編纂所謄写本
⑭『甲賀郡志』滋賀県甲賀郡教育会、正文舎印刷所、一九二六年

⑮佐々木哲『系譜伝承論―佐々木六角氏系図の研究』思文閣出版、二〇〇七年
⑯『日本戦史　桶狭間役』陸軍参謀本部編纂「両軍将士姓名表」、一八九八年
⑰『甫庵信長記』小瀬甫庵撰、神郡周校注、現代思潮社、一九八一年
⑱『張州府志』「史料稿本」九篇九一〇冊永禄三年五月十七日条、東京大学史料編纂所

第二章　小谷城の戦い

一、小谷城の戦いはなぜ起きたか、その背景について
――朝倉義景と浅井長政の出自から――

永禄十一（一五六八）年九月、足利義昭を奉じて上洛を果たした織田信長は、二年後の元亀元（一五七〇）年四月二十日、宣旨（天皇の勅命）と足利義昭の御内書（将軍の命令）を受けて、三万有余の軍勢で越前国主朝倉義景討伐のため京都を出陣した。

では、なぜ越前国主朝倉義景が討伐の対象になったのか、理由があったはずである。

本章では、朝倉義景討伐の背景について、五年前の京都柳営（将軍御所）の事件から書き起こすこととする。

永禄八（一五六五）年五月十九日、十三代室町将軍足利義輝が謀殺されるという大事変が京都で起きた。

大事変は四国阿波の三好一族の三好康長と三好長逸並びに松永久通（久秀の子）等が京都二

条の将軍御所を襲撃したことで起きた。義輝は三十歳で生害。御所にいた義輝の生母慶壽院（前関白近衛尚道女）と御台所（義輝妻、前関白近衛稙家の息女）も生害した。同月二十日義輝の弟北山鹿苑院門主周暠は三好康長の家人平田和泉守等によって路上で討たれた（①『上杉家御年譜』）。

義輝のもう一人の弟一条院門主覚慶（のちの足利義昭）は南都（奈良）興福寺にいた。この時、将軍御供衆の一色藤長、細川藤孝等の働きと、朝倉義景による松永久秀への調略によって、覚慶は興福寺一乗院から脱出できた。七月二十八日、近江甲賀郡和田城（甲賀郡甲賀町）に引退くことができた。和田城で覚慶は室町将軍家家督に定まった（②「上杉家文書」五〇七号）。

この五〇七号文書は「上杉輝虎宛大覚寺門跡義俊副状」であり、覚慶と行動をともにした大覚寺門跡義俊が上杉輝虎に宛てた書簡である。義俊は元関白近衛尚通（在職一五一三～一五一四）の次男、兄は前関白近衛稙家（前左大臣、在職一五二六～一五四二）である。永禄八（一五六五）年当時の関白近衛前久（稙家嫡男、在職一五五四～一五六八）の叔父である。また義俊は覚慶の生母慶壽院とは兄妹となり、将軍義輝の叔父でもあった。

朝倉義景が松永久秀を調略して、覚慶を南都興福寺から脱出させることができた背景は、義景が六角氏綱の孫であったからであろう。

さらに、佐々木哲③『佐々木六角氏の系譜—系譜学の試み』の「朝倉義景」の条（一五五—一五六頁）によると「甲賀郡信楽郷は仁木氏を称した佐々木義政の本拠地であり、義景・義政が調略をめぐらすことは当然できたという。しかも甲賀郡和田城は、六角氏綱の実弟和田高盛（佐々木大蔵大輔）が城主である」という。本文中の佐々木義政とは佐々木六角氏綱の次男である。

その後、和田高盛の甲賀郡和田城で、環俗して足利義秋と名乗った覚慶は、その後に越前一乗谷（福井市）の朝倉義景を頼ったことは当然といえよう。

暫らくして和田城を出た覚慶は、野洲郡矢島御所（滋賀県守山市）に移座した。しかし箕作の六角承禎・義治父子が、三好康長や松永久通等に通じて不穏の動きがあったため、足利義秋は永禄九（一五六六）年七月二十九日、四～五人で矢島御所を密かに出て（④『言継卿記』）、前将軍足利義輝妹婿の若狭守護武田義統（よしむね）を経由して、九月八日に越前敦賀に移り、義景を頼ることとなった（⑤「上杉家文書」一一三〇号）。

しかし、越前国主朝倉義景を頼った義秋は一乗谷には入れず、永禄十（一五六七）年の正月を敦賀で迎えた。義秋は同年二月、敦賀から将軍奉公衆を越後の上杉家に遣わして、上杉輝虎・北条氏康・武田信玄の三者の和睦を勧めて、兄将軍義輝生害の無念を晴らすために、輝虎に京都への上洛を促した。また、義秋自身が越後に下向する用意があるとも輝虎に伝えた（⑥「上杉家文書」一一三一号）。義秋は重ねて同年七月、上杉家重臣直江大和守景綱に宛て、上杉輝虎が上洛するよう催促している（⑦「上杉家文書」一一三四号）。

越前敦賀で足止めになっていた足利義秋は朝倉義景を頼れないと見たのか、越前敦賀から越後の上杉輝虎（謙信）や諸大名に上洛の援助を盛んに依頼した。結局、義秋が敦賀から義景の一乗谷に入れたのは永禄十（一五六七）年も遅くなってのようである。

足利義秋が一年以上も敦賀に留まらざる得なかったのは、室町将軍足利家再興を願って上洛を望む義秋を巡り、朝倉家養嗣子の義景と朝倉同名衆との意見の一致が得られなかったのも原因の一つではないかと推測する。

その後、一乗谷に入った義秋は、永禄十一年四月十五日、前関白二条晴良（室は六角氏綱娘）下向のもと、朝倉館において公家装束で元服の儀を執りおこなった（『言継卿記』）。義秋は元服して足利義昭と改名した。

永禄十一年七月、義昭の入洛の件を織田信長が援助すると言明したので、美濃（岐阜県）岐阜に一乗谷から移ることとなった。この時、義景は一乗谷を出る義昭に異存はなかったという⑧「上杉家文書」一一三六号）。義景には異存がなかったとされるが、大国越前の国主朝倉孝景以来の朝倉同名衆や重臣達が、六角氏出身の義景や江州観音寺城主六角氏の縁者足利義昭に協力的でなかったというのが実情であろうと考える。

これより、織田信長の上洛について簡単に述べる。

永禄十一（一五六八）年七月十二日、織田信長が上洛の援助を受諾したこと（「上杉家文書」一一三六号）を受けて、越前一乗谷の朝倉義景の館に身を寄せていた足利義昭は、信長から迎えのため遣わされた和田伊賀守惟政・不和河内守光治・村井民部少輔貞勝・島田所之助秀満等とともに、小谷城の浅井長政に警護されて、七月二十五日岐阜の立政寺に着座した。七月二十七日信長が立政寺に来て義昭と対面した（『信長公記』、『江源武鑑』）。

九月十日、信長の軍勢が近江に出張すると、翌十一日には箕作城主六角承禎と合戦となった。双方に討死がでた。この時、三好三人衆の一人岩成友通が箕作六角承禎の加勢のため坂本まで出張してきた（『言継卿記』）。

九月十二日、信長は上洛軍を率いて近江に攻め入り、先ず六角承禎・義治父子の居城箕作城を攻め落とした。承禎父子は甲賀郡石部城（湖南市石部）に逃亡した。

翌十三日、信長は近江守護六角義秀（江州殿）の観音寺城に入った。城主義秀並びに後藤喜三郎高治、進藤山城守賢盛等反承禎派家臣団が信長を迎えた（『系譜伝承論—佐々木六角氏系図の研究』、『言継卿記』）。

ところで、この上洛戦における信長の妹婿浅井長政の動向について『信長公記』に記載がないが、⑨『當代記　駿府記』には「浅井備前守信長と同参陣」とある。また『江源武鑑』には、浅井久政・長政父子は京極長門守高吉等とともに箕作城責口の部署についていたと伝承記録もあり、長政は織田信長と行動をともにしていた。

九月二十二日、足利義昭を観音寺城内の桑実寺に迎えた信長は、義昭を奉じて六角氏（江州殿）軍勢とともに観音寺城を出立して九月二十六日上洛した（『系譜伝承論—佐々木六角氏系図の研究』、『信長公記』、『江源武鑑』）。

十月十八日、足利義昭に従四位下、征夷大将軍の宣旨が下った。三十二歳であった⑩『公卿補任』、『言継卿記』)。

義昭が上洛を果たした翌年の正月早々、三好勢が義昭の京都六条本國寺仮御所を襲撃するという事件が起きた。

三好康長は四国より永禄十二(一五六九)年正月一日泉州堺(大阪府堺)に着陣して、二日には三好長逸、三好宗渭、岩成友通の三好三人衆⑪『三好長慶』)、元美濃稲葉山城主斎藤龍興、同叔父長井利道等の諸牢人衆等を集め五千有余騎で、若江城主三好義継(足利義晴娘婿)の河内国(大阪府)へ乱入した。『江源武鑑』によると、この三好勢の動きは正月三日正午若江の義継から将軍家へ注進された。近江観音寺城主の六角義秀へは京都相国寺に付けられていた六角重臣から正月四日書状が届けられた。その正月三日付書状は義秀近臣の「進藤山城守(賢盛)・後藤喜三郎(高治)・浅井備前守(長政)」の三名宛となっている。当時、浅井長政は六角義秀近臣でもあったのかも知れない。

この六条本國寺襲撃事件は、信長に追われて甲賀郡石部城(湖南市石部)を本拠とした元箕作城主の六角承禎・義治父子と三好康長、三好三人衆等とが結託して起こした事件である。その狙いは将軍義昭を討ち果たすことが一つの目的であったと考えられる。さらに『江源武鑑』同年一月八日条によると、箕作の六角父子と三好等のもう一つの狙いは次のようであった。三好康長の五千有余騎が義昭の仮御所である本國寺を攻めれば、江州観音寺の六角義秀と岐阜の信長は義昭救援のため必ず上洛するはずである。そのため義秀の観音寺六角軍を先に上洛させて、三好勢と京都で一戦し、勝負を決して義秀を討ち果たすことであった。そして信長が上洛して来たところで、六角承禎父子が信長の上洛を阻止するという企てであった。そのため、承禎は伊勢の国司北畠具教・具房父子に加勢を依頼した。その大河内城主（三重県松坂市）の北畠具教は承禎の妹婿であった（⑫『系譜伝承論―佐々木六角氏系図の研究』、⑬『六角佐々木氏系図略』）。

同じく『江源武鑑』によると、正月五日に岐阜を出立した信長は、上洛途上の近江柏原（滋賀県米原市）で、六角承禎勢四千有余と合戦となった。承禎父子は打ち負けたようであるが、そのため信長は正月五日、六日の本國寺合戦には間に合わなかった。信長が上洛したのは正月十日であった（『言継卿記』）。信長は六角承禎等との柏原での一戦では、相当苦戦を強いられたとのではないかと推測される。

これについて『信長公記』は、大雪の中六日になり飛脚岐阜に到来、直ちに馬上武者十騎程で、三日の路の所を二日で京都六条本國寺へ着いたと記している（巻二「御後巻き信長、御入洛の事」）。『言継卿記』によって当時の京都の天気を調べて見ると、五日晴、六日晴、七日雨降、八日晴、時々雪飛、九日晴、十日晴雪散となっていて大雪は考えにくい。やはり『信長公記』の記録は信じ難いところである。

その年（永禄十二年）の八月、信長は六角承禎の妹婿大河内城主北畠具教を攻めた。『江源武鑑』同年七月二十七日条によると、六角承禎・義治父子は北畠具教と三好康長、斎藤龍興等に加えて朝倉義景が一味となって、来る八月三日に泉州（大阪府）に勢ぞろえするという情報が河内の三好義継から近江観音寺城に伝えられた。この頃すでに六角氏出身の朝倉義景は、信長と対立していた箕作の六角承禎父子と連携していたものと思われる。観音寺城では重臣進藤山城守（賢盛）を織田信長のもとへ派遣した。岐阜での評議の結果、信長は大事に至る前に伊勢国を討つべきとの考えで、八月十九日岐阜出陣の予定であると進藤賢盛に伝えた。味方観音寺の六角勢も八月十九日観音寺城を出陣した。この時の観音寺城六角勢の中に進藤賢盛、後藤喜三郎高治や、坂田郡佐和山の城主磯野丹波守員昌に加えて浅井長政他多数の江州衆の名が見える。

八月二十日、近江観音寺城の六角勢と信長の尾張・美濃の軍勢とが桑名に着陣した。

一方、伊勢の前国司北畠具教が立て籠る大河内城には六角承禎・義治父子も立て籠っていた。

八月二十六日、信長は北畠一門の木造刑部少輔が立て籠る阿坂城（三重県松坂市）を攻めた。『武功夜話』翻刻Ⅱ巻四（四四頁）によると、阿坂城は堅固な城構えで討入が厳しかった。先駈けの木下藤吉郎は現浄寺という古刹の禅寺に本陣を置いていた。この禅寺に小賢しい小坊主なる沙弥法師がいた。沙弥は城主木造兵庫介（木造刑部少輔のこと）の倅であった。「何卒親父様（木造兵庫介）の一命お助け下され」と沙弥は切々と嘆願したという。

後のことであるが、この阿坂現浄寺の小坊主は利発者だったので滝川一益に見い出されて、のち滝川三郎兵衛雄利と名乗ったという。

大河内城が開城されると北畠具教は隠居し、一類歴々衆は生害することなく、伊勢国は平定された。『江源武鑑』によると、大河内城に立て籠っていた箕作六角承禎父子は、その後紀伊根来寺へ逃亡した。

一方、佐々木哲氏によると、この年（永禄十二年）五月織田信長の盟友である観音寺城主六角義秀が病没したという。その根拠となる義秀遠行について、⑭「滋賀県和田文書の（年未詳）五月十一日付浅井長政宛織田信長書状」によるとして次のように記されている。『系譜伝承論―佐々木六角氏系図の研究』（「三章　六角義秀の研究」、一七六～一七七頁）から少し長くなるが重要な局面なので引用させていただく。

義秀遠行

入洛直後に義秀は病没した。やはり義秀は傷病に苦しんでいた。滋賀県和田文書の（年未詳）五月十一日付浅井長政宛織田信長書状によれば、信長は義秀が没したとの報に接して言語を絶するとともに、近く起こるであろう六角承禎の帰国に用心するよう浅井長政に求めている。（中略）

このの ち元亀年間（一五七〇―三）には、信長が心配していた通り六角承禎父子が近江に帰国して浅井長政や朝倉義景と結んで信長に対抗したことで、近江が混乱に陥った。

佐々木哲氏が指摘されているように、信長の盟友六角義秀が没すると、甲賀郡から箕作六角承禎・義治父子が近江に帰国して、朝倉義景や浅井長政と結んで信長に対抗したことが理解される。

次に、信長の妹婿浅井長政はなぜ六角承禎と結んだのか、そして信長になぜ反旗を翻したのか、その背景を探ることとする。

そこで、浅井長政の出自について検討をしたい。

長政の父久政は六角氏綱の庶子であったという説がある。丸亀藩京極家旧蔵『六角佐々木氏系図略』に、久政（下野守）の父は六角氏綱、母は浅井亮政の娘（北白殿）であり、久政は祖父亮政の跡を継いだ。長政（備前守）は久政の子、父子ともに信長のために生害したと記される。

また佐々木哲氏は⑮『系譜伝承論―佐々木六角氏系図の研究』の中で、「『江源武鑑』『浅井日記』では、六角氏の武将と伝えている」と指摘されている。

そうならば六角義秀と浅井長政は又従兄弟となるのである。

さて、元亀元（一五七〇）年四月二十日、信長は朝倉義景討伐のため三万余の大軍勢で京都を出陣したのであるが、これは義景が将軍義昭の上洛命令をを拒否したためであるといわれている。

『江源武鑑』（元亀元年四月二十日条）は、将軍義昭が上洛してから朝倉義景は一度も使節を送らず、三好康長らと内通して謀反の企てすらあったと伝えている。三好康長といえば六角承禎父子とも通じていて、信長と対立してきた人物である。やはり六角氏出身の朝倉義景が信長と与している将軍足利義昭の上洛命令を拒否し続けたことは不思議でない。

『信長公記』によると、四月二十五日信長勢は手筒山、金ヶ崎の城を攻め落とした。翌二十六日、木目峠（敦賀市）を越えて越前国へ攻め入ったところで、江北浅井久政・長政父子の謀反の報を受けた。

この妹婿浅井長政の謀反について、『武功夜話』翻刻Ⅱ巻四に、次のように伝えられている。

> 御縁家江州浅井郡、浅井備前、朝倉と示し合わせ謀反、信長様を挟み討ちの計略の由
>
> （翻刻Ⅱ巻四、四八頁）

すなわち、江州浅井長政が越前朝倉義景と示し合せて謀反し、北国道を塞ぐことにより、信長を前後から挟み討ちにして討取ろうとする計略であった。

⑯『言継卿記』も、

> 甲賀郡石部の六角承禎が近江国内の方々に軍勢を出して放火している。承禎は江州北三郡の領主浅井長政を信長から離反させたという。信長の越前より美濃への帰路は無くなった。

若狭まわりの琵琶湖西往還という。

（元亀元年四月二十九日条）

また、佐々木哲『系譜伝承論—佐々木六角氏系図の研究』（「三章　六角義秀の研究」）からも次の一文を紹介する。

当時は、浅井氏が信長に反旗を翻したのは、六角氏と示し合せたためと考えられていたことが分かる。信長が朝倉氏を攻めたのが直接の原因ではなかった。また（元亀元年）七月十六日付益田藤兼宛朝山日乗書状に「江州北之郡浅井別心候、即ち六角殿も六千計りにて取り出でられ候」とあり、このときの六角軍の兵力が六千であったことが分かる。決して少なくない。

（「元亀争乱と江州殿」一八四—一八五頁）

これらの記述からして、信長と対立して甲賀郡石部に逃亡していた元箕作城主六角承禎が浅井長政を信長から離反させたことがわかる。

すなわち、信長の妹婿長政の謀反は、六角義秀・織田信長と長年対立してきた元箕作城主の六角承禎等が、六角氏出身の朝倉義景と結託して、六角氏綱庶子浅井久政と、その子長政父子を説得し、味方に引き入れて計略的におこなわれた事件であったと考える。

二、小谷城の戦い

元亀四（一五七三）年七月、敵対する将軍義昭を攻めるために上洛した信長は、七月十六日真木島城（京都府宇治市）へ兵を寄せた。七月十八日真木島城を攻め落とした信長は、将軍義昭を河内国若江（大阪府東大阪市）まで羽柴藤吉郎秀吉の警護にて送り届けさせた。天下の京都所司代を村井貞勝に命じて、信長は八月四日岐阜に帰陣した（『信長公記』）。

浅井長政の要請により、越前の朝倉義景は江州表へ二万余の軍勢を繰り出した。義景は田上山に本陣を置いた。木之本近くの田部山には先手朝倉景鏡（式部大輔）が陣取った（『信長公記』、⑰『浅井三代記』）。

これに対して、天正元（七月二十八日に天正に改元）年八月八日、浅井方の江北山本山の城主阿閉淡路守貞征が信長に味方してきた。信長はすぐさま小谷山の浅井長政には構わずに、配下の諸将の部署を決めて、越前へ通じる北国道を塞いだ。さらに軍勢の一部を小谷大嶽（おおづく）の北に位置する山田山に陣取らせた。信長は嫡男信忠とともに羽柴藤吉郎が在番の虎御前山（とらごぜやま）（長浜市中野町）に入城して、年来の敵である越前朝倉義景退治の命令を下した。

一方『浅井三代記』によると、小谷大嶽の城には越前朝倉の合力勢、斎藤刑部少輔・小林彦六左衛門・西方院道休等、二の丸には浅井内井口越前守・千田采女正（うねめのかみ）、大嶽のした三の丸の焼尾には浅見対馬守が立て籠っていた。

『江源武鑑』天正元（一五七三）年八月二十日条に、義景の侍大将、斎藤・小林・西方院の三名が寝返り信長の旗下に入り、浅見対馬もまた信長方に寝返り織田勢を引き入れたという伝承記録がある。

さらに『信長公記』元亀四（天正元、一五七三）年八月十二日条にも「大嶽の下、三の丸の焼尾に浅見対馬が信長勢を引き入れた。その夜は以ての他の風雨であったが、虎御前山には嫡男勘九郎（信忠）を残して、馬廻り衆を召し連れ、太山、大嶽へ先懸されて攻め上られた」とある。焼尾に立て籠っていた浅見対馬守が信長方に寝返ったのは、織田方の調略によったものと推測する。

『信長公記』には触れられていないが、この場合も、寝返った事実が敵に知られる前に、信長は急遽出陣して攻撃しかけていたのである。これまでも信長は諜報活動や調略を重視し、徹底した情報戦を展開してきた。例えば、永禄三（一五六〇）年五月のいわゆる桶狭間合戦、永禄十（一五六七）年八月の美濃稲葉山城攻撃、そして元亀元（一五七〇）年六月江州坂田郡鎌刃（米原市番場）の城主堀次郎左衛門秀村調略等に信長の戦術を見ることができる。

さて、八月十二日夜風の中、虎御前山に嫡男勘九郎（信忠）を残して急遽出陣した信長は、小谷山の浅井に構わず、朝倉退治の一念で、越前敦賀口へ乱入すべく諸将に下知した。この時、信長は小谷山浅井の備えとして虎御前山に木下藤吉郎をあてた。

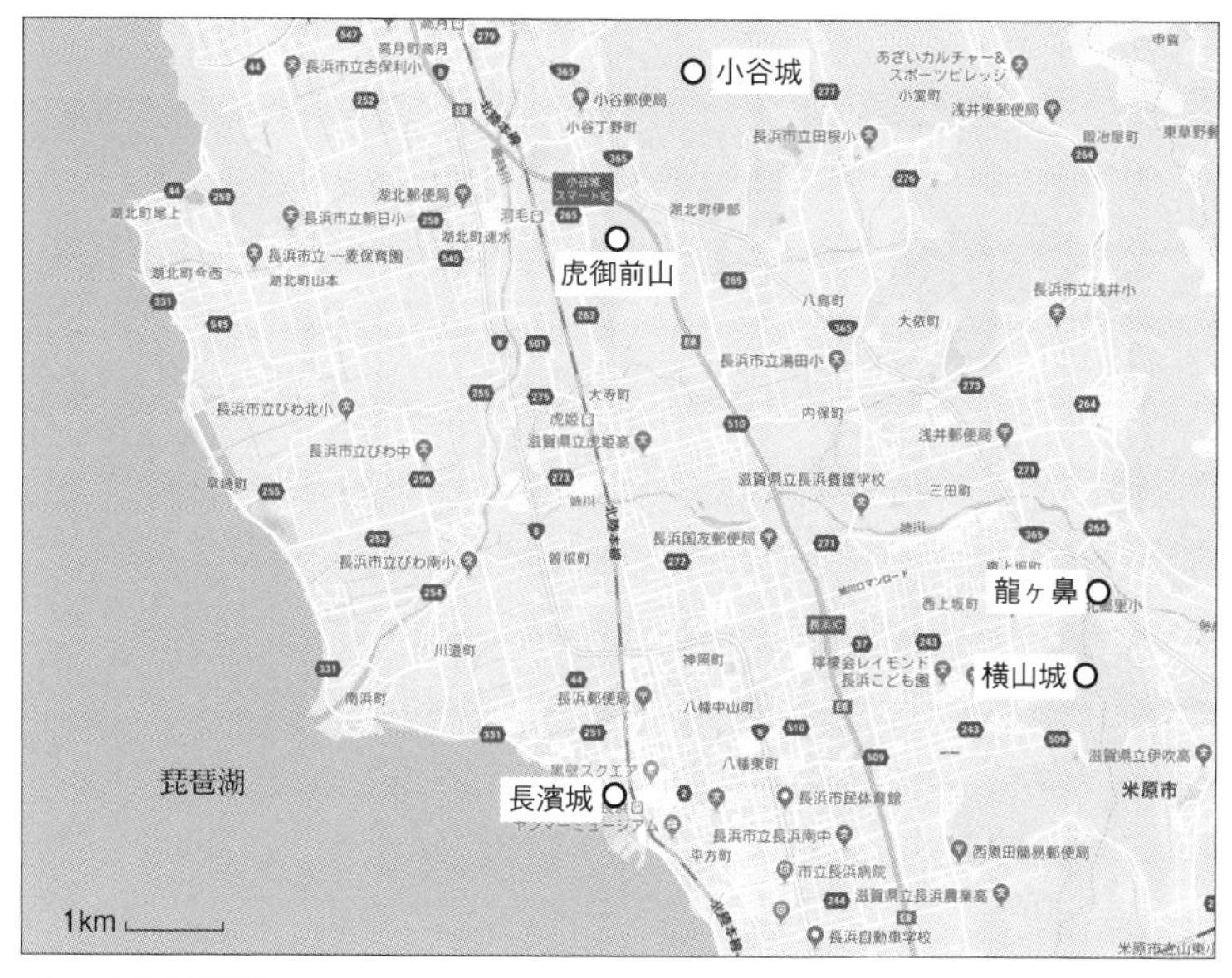

図　小谷城周辺

その後、大嶽の越前衆斎藤・小林・西方院等は降参した。討ち果たされるべきところ、三人の命を助けて大嶽落城を朝倉義景陣所へ知らせさせた。信長は大嶽に塚本小大膳、不破光治、丸毛兵庫等を置いて守備させた。無論、十三日には義景は大嶽城落去を受けて田上山を退去した。諸将は先をあらそい刀根山へ急進撃、朝倉勢を追い崩して、たちまちにして引壇・敦賀を織田勢が制圧した。信長は八月十四日、十五日、十六日越前敦賀に逗留。十七日木目峠を越えて越前国（福井県）へ入り、八月十八日府中竜門寺（現越前市、旧武生市）に着陣した（『信長公記』）。

織田勢により一乗谷は焼かれ、朝倉義景は一乗谷の館を出て大野郡山田庄の六坊に引退いた。殊に平泉寺（福井県勝山市）の宗徒が信長に味方したため、義景は遁れ難き様体となった。一族の朝倉景鏡が、鳥居与七と高橋甚三郎に介錯させて、義景につれなくも腹を切らせた（『信長公記』）。天正元年八月二十日と言われる（『公卿補任』）。

その後、信長は八月二十六日秀吉陣所がある虎御前山に帰陣した（『信長公記』）。大嶽城も落とされた浅井父子居城の小谷城は幾重にも織田方に包囲され孤立した。

ここで長政の居城、小谷城の構造について、小和田哲男編⑱『浅井長政のすべて』からその一部を参照させていただいて、その概略を記す。

小谷城は山頂の大嶽部と中腹頂部の本丸・大広間部と山麓の清水谷という三元構造であったという。大嶽は標高は四九五メートルの小谷山の山頂になる。そして小谷城は大嶽、本丸、大広間部、清水谷、福寿丸、山崎丸、月所丸から成り立つという。このうち本丸と大広間部は番所、御茶屋、馬屋、桜馬場、大広間、本丸、中丸、京極丸、子丸、山王丸、六坊から構成されていて、ほぼ南北に細長い山城となっている（中井均著「小谷築城とその支城」）。

さて、小谷城浅井父子攻めの名誉の先駈けは、小谷山に備えて虎御前山に在番していた羽柴藤吉郎であった。先ず『信長公記』の小谷城攻めに関する記述を見てみたい（巻六「阿閉謀反の事」）。

八月二十七日、夜中に羽柴筑前守が京極つぶらへ攻め上り、久政が居住する子丸と長政がいる本城との通路を断ち切って、先ず子丸を乗っ取った。ここで浅井福寿庵が生害した。舞手の鶴松大夫が下野守久政を介錯したのち、鶴松大夫は名誉の死を遂げた。秀吉が久政の首を取り、虎御前山の信長のもとに届けた。翌二十八日信長が自ら京極つぶらに攻め上がり、浅井備前守長政を生害させた。そして浅井父子の首を京都に送り獄門に懸けさせたというのが『信長公記』の記述である。

さて、小谷城内には信長の妹御母子がいたことは歴史に周知された事実である。しかし、お市と三人の御子等が、小谷城のある小谷山から信長のもとへ何時、如何にして降りたのか、『信長公記』の記述では全く触れられてない。

お市と御子等三人が生活していたのは長政が居住していた本城の本丸であったと考えられる。本城は京極丸より南に位置し、父久政は京極丸より北の子丸に居住していた。この本丸・大広間部がある小谷城は小谷山の中腹頂部とはいえ南北に細い山城であった（小和田哲男編『浅井長政のすべて』）。

ここで、『武功夜話』翻刻Ⅲ巻五の記述を参考にして、小谷城京極丸攻めについて記してゆく。

長政の居城は高山にあり、小谷山の前面にある京極丸はまことに堅固に取り固められていた。その京極丸より尾根伝いに本丸に通じるが、何れも険難節所で難しい。別に小谷町屋より京極丸に達する道が一本だけあった。他の道は大木が生い繁り攻め入るには困難であった。

二万五千有余の信長の軍勢が小谷山麓に満ち満ちた。頼みとする朝倉はすでに討伐され、先行を案じて密かに抜け出す城兵が多くいた。京極丸に留まる者の数は六百有余人、手薄の様子となり、城の命運は今日の朝か夕までとなっていた。

八月二十六日酉六ッ半刻（午後七時頃）、軍議評定がおこなわれた。

周知のごとく、浅井備前（長政）の妻女、お市は信長の妹といわれる。一斉に小谷山を攻め上って、競って京極丸に討ちいれば、半日待たずして落去するは当然である。しかし、この攻め方では籠城の者どもは江州武者の面目にかけて、最期の一兵になるとも手向かってくる。信長方の兵の手負いも数多くなるが、妹御と御子等が道連れとなるのは避けられない。

この時、羽柴藤吉郎が歴々衆を差し置き、京極丸取詰めの先陣を信長から申し付けられた。長政の信長への謀反は数々、浅井の根を断ち、葉を枯らす覚悟だ。長政は元より嫡子の根を断ち切る。そして、力攻めはせず妹御並び三人の御子らを無事に引き取るという信長の本意が藤吉郎に直接伝えられた。

羽柴藤吉郎は、舎弟小一郎、林孫兵衛、蜂須賀彦右衛門、前野将右衛門、加藤作内、浅野弥兵衛、竹中半兵衛、一柳甚左衛門等主な首衆を呼んで、如何に信長の本意である妹御と御子等を無事に羽柴陣所に引き取り、京極丸を攻めて取り抱えるか、手立てを相談した。

それは小谷山を力攻めで攻め上らず、父久政の子丸と長政の本城との通路を取り切り、京極丸を取り抱えるという策であった。

竹中半兵衛は前々から手勢を使って小谷山を探索していた。小谷山全山に夥(おびただ)しい鳴子が網の目のごとく張り巡らされていることをすでに調べていた。これ等の鳴子を取り除く必要があった。夜中に攻め上るのが上策と決まった。

御大将羽柴藤吉郎秀吉は小谷町屋口より、大将木下小一郎は藤吉郎の指図にて、京極丸前山口から攻め上ることとなった。

先ず、蜂須賀御内衆と前野将御内衆の八十有余人の屈強な者が具足の袖をはずし、兜は着けずに、二十六日亥四ッ半（午後十一時頃）出発し、あけて二十七日子九ッ半（午前一時頃）に山の中へ分け入り、夥しい鳴子を取り払いにかかった。案内は地理に詳しい樋口内蔵助、上坂勘解由左衛門であった。午前五時京極丸本丸中道に達した。そして寅七ッ半（午前五時頃）、御大将羽柴藤吉郎を京極丸中道に誘導した。

本丸中道に到達しあと、将右衛門に同道していた書き役の前野清助が山頂から山麓を眺めると、夥しい篝火（かがりび）、松明（たいまつ）が見え、織田の軍勢二万有余が取り巻いていたという。
京極丸を覗くと静寂で全く声がしなかった。秀吉が先に立ち舎弟小一郎、蜂須賀彦右衛門、前野将右衛門、馬廻り三十有余人が付き従った。開城の旨申し伝えると、城中の門が開かれて福壽庵という御仁が出て来た。開城にあたり城兵はお構いなしと伝えたところ、浅井備前守は既に覚悟していたのか、城門が開かれ妻女御子が降りてきた。京極丸では一切取り合いは無かった。

秀吉が開城の申し伝えをした時刻について記録はないが、秀吉等が京極丸中道に達した午前五時からそれ程時間は経過していなかったと思われる。城中は静寂で、切り合いもなかったというので、開城は間もなくおこなわれたと推定する。そこで、お市と御子等が城門を出て山を降り、羽柴陣所に入ったのは二十七日早朝であったと考える。

翌八月二十八日、信長は京極丸に上って浅井備前守を生害させたという『信長公記』の記述は果たして正しいのであろうか。

『當代記　駿府記』には、八月二十九日信長が京極丸へのぼり、浅井備前守に腹を切らせたとある。さらに⑲「成簣堂古文書」所収「片桐孫右衛門尉宛八月二十九日付長政書状」で、長政最後の書状で籠城する家臣片桐真貞の忠節を賞した感状を紹介する。

今度当城（本城の意）ばかりになった処、なお籠城して、忠節抽んでておられるので比類無い御覚悟に対して感謝しようもありません。多くの将士が脱出するなかで、無二の御覚悟申し得ぬ次第です。書中で感謝の意をお伝えするのも困難な程です

元亀四

八月二十九日　長政（花押）

片桐孫右衛門尉殿

御宿所

『公卿補任』元亀四年条には「八月廿日越州朝倉左金吾生害。同廿九日江州北郡浅井下野守同子備前父子生害」とある。やはり、浅井備前守長政は八月二十九日に生害して果てたと考える。

信長は天正元年九月一日付で、坂田郡、浅井郡、伊香郡の江北三郡〆て二十二万二千三百石を羽柴藤吉郎秀吉の給地とした（『武功夜話』翻刻Ⅲ巻五）。

参考文献

①『上杉家御年譜』「謙信公年譜巻十一」永禄八年夏五月十九日条、米沢温故会、原書房、一九八八年

②『大日本古文書』「上杉家文書」五〇七号、上杉彈正少弼宛（永禄八年）八月五日付大覺寺門跡義俊副状

③佐々木哲『佐々木六角氏の系譜―系譜学の試み』思文閣出版、二〇〇六年
同書の「朝倉義景（一五三三～一五七三）」の項に「六角氏綱孫。義久あるいは義政（二木殿）の子。朝倉孝景養嗣子。幼名長夜叉丸。本名延長景。従四位下、左衛門督。越前国主。」とある。

④『言継卿記』永禄九年潤八月一日条、國書刊行會、続群書類従完成会、一九九八年

⑤『大日本古文書』「上杉家文書」一一三〇号、「上杉輝虎宛（永禄九年）九月十三日付足利義秋御内書」

⑥『大日本古文書』「上杉家文書」一一三一号、「上杉輝虎宛（永禄十年）二月二十四付足利義秋御内書」では、義秋が越後へ下向の用意があるとも伝えている。

⑦『大日本古文書』「上杉家文書」一一三四号、「直江景綱宛（永禄十年）七月一日付足利義秋御内書」では、上杉家重臣直江大和守景綱に宛てて、上杉輝虎が参洛するよう催促している。

⑧『大日本古文書』「上杉家文書」一一三六号、上杉輝虎宛（永禄十一年）七月十二日付足利義昭御内書」

⑨史籍雑纂『當代記　駿府記』続群書類従完成会、二〇〇六年

⑩『新訂増補國史大系　公卿補任』正親町天皇（天正元年）元亀四年条「八月廿日越州朝倉左

金吾生害」、編輯者 黒板勝美、吉川弘文館、一九九一年
⑪今谷昭・天野忠幸監修『三好長慶』宮帯出版社、二〇一三年
⑫佐々木哲『系譜伝承論―佐々木六角氏系図の研究』思文閣、二〇〇七年
⑬丸亀藩京極家旧蔵『六角佐々木氏系図略』、東京大学史料編纂所謄写本
⑭佐々木哲『系譜伝承論―佐々木六角氏系図の研究』
「三章　六角義秀の研究」に収載される滋賀県和田文書の（年未詳）五月十一日付浅井長政宛織田信長書状（東京大学史料編纂所影写本滋賀県和田文書）

義秀遠行之趣絶言語儀候、承禎帰国者近可有之条、各尤油断有之間敷、武田事若州可相催之間寄特候、委細沢田兵部少可申述候、謹言

五月十一日　　信長（花押）

浅井備前守殿

⑮佐々木哲『系譜伝承論―佐々木六角氏系図の研究』
「三章　六角義秀の研究」の中で「浅井久政・長政父子と六角氏」の項
⑯『言継卿記』元亀元年四月二十九日条
江州へ六角出張云々、方々放火云々、北郡浅井申合、信長に令別心云々、仍越前濃州等へ通路無之云々、但越州ヨリ若州西路往還云々

⑰『浅井三代記』改訂史籍集覧、近藤活版所、明治三十五年
⑱小和田哲男編『浅井長政のすべて』中井均「小谷築城とその支城」（六〇～七四頁）、新人物往来社、二〇〇八年
⑲「成簣堂古文書」「大日本史料」十編十七冊天正元年八月二十七日条

第三章　三木城の戦い

一、尼子勝久・山中幸盛の旗揚げ（一五六九年、永禄十二年五月）

永禄三（一五六〇）年十二月、出雲国・隠岐国等の守護月山富田（がっさんとだ）（島根県安来市広瀬町）城主尼子修理大夫晴久が四十七歳で死去したため、嫡子三郎四郎義久が家督を継いだ（①「新裁軍記」、②「諸家系図纂」）。しかし、家督を継いだ三郎四郎義久は若年であった（③「中国治乱記」）。これについて『武功夜話』巻七「西国毛利家由来の事、尼子氏の事、山中鹿之助の事」にも、「永禄三年庚申、尼子晴久死去す、家督をその子義久襲うと雖も若年に候いて、武運拙きほどに候」と記されている。

この章において特に断らない限り『武功夜話』からの引用を続ける。

毛利元就は尼子晴久亡きあと、永禄五（一五六二）年秋から尼子家退治として、出雲国へ攻め入り、四年後の永禄九（一五六六）年十一月、月山富田城を落城させた。十一月二十一日、毛利元就・吉川元春・小早川隆景は尼子三郎四郎義久、同九郎四郎倫久、同八郎四郎秀久の三兄弟に宛てて和談の誓紙を出して助命した。十一月二十八日三兄弟は月山富田城を下山すると、その後芸州円明寺という禅寺に幽閉された。月山富田城は出雲国中の根城ということで、本丸に毛利直臣の天野紀伊守隆重を守将として在番させた。この時義久達ともに、尼子家臣が芸州（広島県）に入ることは許されず、山中鹿介幸盛、立原源太兵衛久綱等は上方（京都）へ上った（④「萩藩閥閲録」、⑤「毛利元就記」、⑥「芸陽記」）。

永禄十一（一五六八）年九月、信長は足利義昭を奉じて入洛した（『信長公記』）。

翌年春、永禄十二年二月十三日、信長は使節をもって小早川隆景に太刀と銀子十枚を贈り、毛利元就との入魂の付き合いについて取り成しを依頼した（⑦「小早川家文書」二六二号）。隆景は信長の依頼に応えた。これについて、信長は小早川隆景の使僧より元就の意趣（意向）を受け給わったこと、また元就への入魂の取り成しの次第を喜び、播州出勢の用意があることなどを隆景に書き送った（⑧「小早川家文書」二六四号）。

永禄十二（一五六九）年八月、信長は毛利元就の依頼に応じて、木下藤吉郎秀吉、坂井右近政尚に五畿内衆二万有余の人数を付けて但馬国（兵庫県北部）を攻略させた。生野銀山を取り込み、但馬守護山名祐豊（やまなすけとよ）の此隅山城（このすみやま）（豊岡市出石）、垣屋氏の諸城など十八の城々を十日の内に落去させた。また、この時木下助右衛門に池田勝正等を副えて播磨（兵庫県）を攻めた（⑨「益田家什書」）。

木下秀吉、坂井政尚の攻撃を受けた山名祐豊は和泉堺に出奔した。その後、祐豊は信長の御用商人の斡旋で、同年冬に但馬に戻ることができたが、帰国後は祐豊の権威は全く失われた（⑩『山名』第二号）。

一方永禄十二（一五六九）年七月、毛利氏に領有化された出雲国において、尼子家再興を目指して、尼子勝久を主に、山中鹿介等が雲州富田へ乱入する事件が起きた。毛利家臣天野隆重が在番する月山富田城々下の⑪「富田八幡宮文書」に、尼子孫四郎という人体が出雲（島根県）・伯耆（鳥取県西部）の諸牢人を引具して当国（出雲国）へ乱入したと記されている。そして、あちらこちらの在所の者どもが国を挙げて尼子勝久に呼応したという。

この尼子勝久は雲州守護月山富田城主尼子氏の一族である。⑫『系図纂要』所収「尼子系図」によると、祖父国久・父誠久と兄二人が、天文二十三（一五五四）年十一月一日出雲守護月山富田城主尼子晴久に攻められて討ち死にした時、わずか二歳、乳母が懐に抱き逃れた。その後、上京して東福寺に入り僧となっていた。山中鹿介、立原源太兵衛等がこの若者を還俗させて、尼子孫四郎勝久と名乗らせた。永禄十二（一五六九）年五月、鹿介等は隠岐国で旗揚げして、六月二十三日出雲へ入ったと記される。

ここで、尼子孫四郎勝久の旗揚げから出雲乱入の様子について『武功夜話』の記述を引用して、その一部を紹介する。

先君尼子の家士山中鹿之助幸盛という者あり、天性の智謀深く、仁勇兼ね備えた西国に並ぶ者なき武勇の者なり。元来この鹿之助は忠義絶倫なる武者である。尼子の滅亡に憤り、如何にして尼子の家の再興を図るか辛苦に堪えていた。先主尼子晴久の子が京都東福寺で僧となっていた。密かに上洛しこの若者を還俗させ、尼子助四郎勝久と名乗らせた。ここに晴久亡きあと、隠れ潜んでいた尼子の郎党どもが集結した。その後鹿之助の武辺を慕って集まった牢人どもは三千有余人であった。尼子助四郎勝久のもと山中鹿之助が大将となり、永禄十二年冬過ぎて総軍勢を率い、出雲国へ乱入して富田城を取り囲んだ。雲州富田の城は毛利の将士天野隆重が栖籠るところであったが、尼子の猛勢に支えきれず落城した。

（巻七「西国毛利家由来の事、尼子氏の事、山中鹿之助の事、恵仙写し」）

右のように『武功夜話』の原文の記述では、勝久を「先主晴久の子」としているが、これは誤りで、先に記したとおり勝久は先主尼子晴久の従兄弟尼子誠久の子である。また原文では勝久の通称を助四郎としているが、これも誤りで孫四郎が正しい。また山中鹿之介となっているが、山中鹿介と表記するのが正しい。

これに対し、翌永禄十三（一五七〇、四月二十三日元亀と改元）年一月二十八日、毛利輝元は出雲富田城の守将天野隆重救援のため、吉川元春、小早川隆景等とともに三万の兵（⑬「元就公記」）を率いて出雲へ出陣した。雲州に入った毛利輝元等は、翌二月十四日尼子方となっていた布部（ふべ）（安来市広瀬町）の要害を攻め落とした（⑭「萩藩閥閲録」）。同月十八日、毛利元就は輝元が布部の合戦で勝利したこと、国中の尼子勝久方の陣所を攻め落として、雲州富田に陣替えしたことなどを喜び、輝元に戦勝を祝い、太刀と馬を贈っている(⑮「毛利家文書」)。

元亀二(一五七一)年八月十五日、吉川元春は山中鹿介幸盛が籠城する伯耆国末石城(鳥取県西伯郡大山町)攻めに取り懸った。同月十八日夜明けに末石城は落去して山中鹿介は降参して下城したことを、元春が八月二十日付で湯原右京進他二名に宛てて書状で知らせている(⑯「萩藩閥閲録」)。

⑰「森脇覚書」によると、末石城を下城した鹿介は降参を請い、詫び事を口上したという。その時、毛利輝元の被官となるべく、防州(山口県)と伯州(鳥取県西部)で各一千貫、併せて二千貫の領地を遣わすとのことで、尾高(鳥取県米子市)の宿に留め置かれた。そこで吉川元春と対面した。

しかし、鹿介より尼子勝久の居城出雲新山(しんやま)(真山)城(松江市法吉町)への飛脚が捕らえられた。鹿介の書状には、末石城が敵に取り巻かれたので降参し、下城して敵大将吉川元春のところへ罷り出ることが記されていた。さらに、敵の陣所を脱出するまでの間(勝久は)お待ちくださるように、もし(鹿介が)脱出できない時、(勝久は)隠岐へ一端退却されて、時節を見はからい出雲へ乱入して切り崩すようにと書かれていた(「森脇覚書」)。

降参して捕らわれていた鹿介は、伯耆の尾高城下の宿に留めおかれていた時、鹿介が雪隠(せっちん)(便所)へ行ったまま時間が長いので、警護兵が不審に思い声をかけたが返事なく、鹿介が逃亡したことを知り仰天したことが、後の記録である⑱「吉川家祖先勲功覚書上」に記されている。

さらに、八月二十一日吉川元春は七千余騎で尼子勝久の新山（真山）城を攻めてこれを落去させた。輝元は元春の将野村士悦が新山城に入ったことを喜んだ（⑲「萩藩閥閲録」）。将軍足利義昭も吉川元春の出雲（島根県）・伯耆（鳥取県西部）の平定を名誉として祝した（⑳「吉川家文書」）。

雲州新山城を開け退いた尼子勝久は舟で逃亡し、隠岐国を経て京都へ上ったといわれる（㉑「吉川家旧記」）。勝久が隠岐国を退去したあと、出雲と伯耆の各所で乱は静まったという（㉒「森脇覚書」）。

さて、尼子勝久と家来山中鹿介幸盛、立原源太兵衛久綱等十有余人等は京都に上った後、江州横山城在番を命じられていた木下藤吉郎の陣所へ現われた。元亀二（一五七一）年夏過ぎであった。鹿介等は信長への取り成しを望んでいた。信長は受け入れず、勝久と鹿介等は秀吉のお荷物として預けられた（『武功夜話』巻七「西国毛利家由来の事、尼子氏の事、山中鹿之助の事」）。

これより天正五（一五七七）年五月まで、秀吉に預けられた尼子勝久と山中鹿介・立原源太兵衛等は、何度か毛利方となっていた因幡国（鳥取県）への乱入を繰り返して、毛利氏と対決することになるのである。

この頃の鹿介は、尼子晴久亡きあと雲州富田の尼子家再興を謀る雲州牢人であった。しかし毛利家では、「山中鹿之助幸盛は信長の内意を受けた陰謀ある城将」とみなしていた㉓「吉川家文書」)。

次に智謀に長けた鹿介が但馬国の山名氏の威勢が衰えたこと、摂津や播州の国人領主達は織田、毛利の優劣を見合わせて進退が決まらない現状であることについて、木下藤吉郎等に向かい語っている。これを紹介する。

但馬国(兵庫県北部)と因幡国(鳥取県)は、有力な統治者がいない空虚な地となっています。何れの国も古来より山名氏の領地でありました。但馬此隅山は惣領家の山名祐豊が城主です。舎弟豊国は因州鳥取の城に在城しています。しかし当今山名氏は武威が衰えて、ただただ織田と与するか毛利と与するか定まらず、家名を保つのに汲々としています。そのため因州(鳥取)を奪取するのはいとも容易いことです。

今、この時期に我(山中鹿介)が挙兵すれば、但馬、丹波(京都府西北部)、因幡に潜む忠義の者ども七、八百の人数が数日を待たずして駆け付けます。現在織田と毛利の間に争いは無いが、何れの日には必ず争いがおきることになります。今は大坂摂津や播州の国人等は織田と毛利の優劣を見合わせて、彼らの進退は決まっていません。

(巻七「西国毛利家由来の事、尼子氏の事、山中鹿之助の事」)

と鹿介は切実と語った。その場に居た舎弟小一郎、前野将右衛門、蜂須賀小六、竹中半兵衛、林孫兵衛（木下家定）、浅野弥兵衛、宮部善祥坊（継潤）等主なる頭衆は「山中殿の申す事理に叶い候」と異口同音に肯いた。

右原文中に「舎弟豊国は因州鳥取の城に在城」とあるが、豊国は祐豊の甥の誤り、またこの頃、因幡守護となっていた山名豊国は、布施天神山城（湖山池東側）を居城としていたことを付言しておく。元亀二（一五七一）年当時、久松山鳥取城に在番していたのは、築城の功労者鵯尾城主（鳥取市玉津）武田豊前守の子、毛利方の武田高信であった（㉔『山名』第四号）。

その後、天正二（一五七四）年正月、秀吉は信長の命令で匿っている山中鹿介の今後のことについて報告した。信長への報告の趣旨とは、

近年芸州の毛利家は播州浦上宗景等を味方に付けて播州諸将を調略する兆しがあります。元亀元（一五七〇）年以来、東国甲州武田四郎勝頼と大坂石山本願寺や三好三人衆等が信長公に敵対しています。そのため織田家は西国毛利家に敵意を見せずに色々気遣いを示してきました。このような折り、雲州尼子勝久と山中鹿之助を信長公が庇護なされ、江州横山の秀吉陣所に匿われていることを毛利家は知っている様子です。以後、毛利家との間に面倒な問題を起させないため尼子党を伯耆国（鳥取県西部）・出雲国（島根県東部）に放

つことが上策です。山中鹿之助に何分の軍資金を与えれば、武器や兵糧を調達して必ずや伯州へ討ち入るはずです。鹿之助は信義厚き武辺者なので、今日までの殿（信長）から受けた恩は忘れることはありません。その結果、我等自ら手を出さずして伯州を奪い取れれば幸運であると舎弟小一郎、前将、蜂小、竹半、浅野弥兵衛等首衆の話でありました。

（巻七、「西国毛利家の由来の事、尼子氏の事、山中鹿之助の事」）

天正二（一五七四）年正月、秀吉は右の話の趣旨を書面にして岐阜の信長に報告した。

天正二年九月、山中鹿介は秀吉の援助を受けて、翌年（天正三年）の長岡藤孝・明智光秀の丹波侵攻の先発隊として因州（鳥取）に乱入した。九月二十一日尼子勝久・山中鹿介・立原源太兵衛等が率いる雲州・伯州勢が鳥取城下の山名豊国の居館や、毛利入道浄意が在番する鳥取城を攻めて、これを落城させ入城を果たした。翌十月、八東郡私部表（八頭郡八頭町市場）へ移動、私部城下をことごとく焼いた。その後間もなくして、勝久等は故あって鳥取を去り、因州南東部の若桜鬼城（鳥取県八頭郡若桜町）に移って籠城した。

しかし、天正四（一五七六）年二月六日には、当時尼子勝久の属城となっていた国吉城（鳥取市気高町）が吉川元春等の攻勢により落去した。残るは勝久・鹿介・源太兵衛等が籠城する若桜鬼城のみとなった。

一方、元春は使者を出して、信長に天正四年の年頭の賀を祝すとともに、今後山中鹿介幸盛を庇護するか詰問した。信長は元春に宛て、三月四日付秀吉書状で、秀吉等をして返礼をさせた。その三月十一日付聖護院道澄書状では、山中鹿介を庇護せざる旨を報告させた㉕「吉川家文書」)。この時、信長から見放された尼子孫四郎勝久・山中鹿介幸盛、立原源太兵衛久綱等の尼子党の武運は秀吉の手に握られたと言えよう。

この後、天正四(一五七六)年五月七日、吉川元春は杉原盛重等をして、尼子勝久等が籠城する因州若桜鬼城を陥落させた㉖「吉川家文書」)。

参考文献

①「新裁軍記」「史料綜覧」永禄三年十二月二十四日条、東大史料編纂所
②「諸家系図纂」「史料綜覧」永禄三年十二月二十四日条、東大史料編纂所
③「中国治乱記」「史料綜覧」永禄三年十二月二十四日条、東大史料編纂所
④「萩藩閥閲録」所収、佐々木舎人所蔵文書、「史料綜覧」永禄九年十一月十九日条、東大史料編纂所
⑤「毛利元就記」「史料綜覧」永禄九年十一月十九日条、東大史料編纂所
⑥「芸陽記」「史料綜覧」永禄九年十一月十九日条、東大史料編纂所
⑦『大日本古文書』「小早川家文書」二六二号・織田信長書状
⑧『大日本古文書』「小早川家文書」二六四号・織田信長書状

⑨「益田家什書」朝山日乗書状案「大日本史料」永禄十二年八月十三日条、東大史料編纂所
⑩『山名』第二号、山名章「垣屋三武将の武者絵掛軸について」、編集発行全国山名一族会・山名氏史料調査研究会、一九九六年
⑪「富田八幡宮文書」「大日本史料」十編三冊永禄十二年七月三日条、東大史料編纂所
⑫『系図纂要』所収「尼子系図」、「史料綜覧」天正六年七月五日条、東大史料編纂所
⑬「元就公記」「大日本史料」元亀一年二月十四日条、東大史料編纂所
⑭「萩藩閥閲録」所収、福原貞俊宛永禄十三年二月十五日付赤穴久清書状、「大日本史料」元亀一年二月十四日条、東大史料編纂所
⑮「毛利家文書」毛利輝元宛永禄十三年二月十八日付毛利元就書状、「大日本史料」元亀一年二月十四日条、東大史料編纂所
⑯「萩藩閥閲録」所収「湯原文書」「大日本史料」元亀二年八月十八日条、東大史料編纂所
⑰「森脇覚書」「大日本史料」元亀二年八月十八日条、東大史料編纂所
⑱「吉川家祖先勲功覚書上」「大日本史料」元亀二年八月十八日条、東大史料編纂所
⑲「萩藩閥閲録」所収、野村信濃守宛八月二十四日付毛利輝元書状、「大日本史料」元亀二年八月二十一日条、東大史料編纂所
⑳「吉川家文書」吉川元春宛十月三日付足利義昭御内書、「大日本史料」元亀二年八月二十一日条、東大史料編纂所

㉑「吉川家旧記」『大日本史料』元亀二年八月二十一日条、東大史料編纂所
㉒「森脇覚書」『大日本史料』元亀二年八月二十八日条、東大史料編纂所
㉓「吉川家文書」『大日本史料』天正三年十月二十一日条、東大史料編纂所
㉔『山名』第四号、山根幸恵「山名源七郎豊通大應寺に眠る」収載の「山名氏略系図」と「武田参河守高信謀反」の条を参照。編集発行 全国山名一族会・山名氏史料調査研究会、一九九八年
㉕「吉川家文書」「大日本史料」天正四年三月十一日条、東大史料編纂所
㉖「吉川家文書」「大日本史料」天正四年五月七日条、東大史料編纂所

二、播州三木の別所小三郎を調略（一五七六年、天正四年七月）

天正四（一五七六）年五月、芸州（広島県）の毛利輝元は石山本願寺光佐と同心し、紀州由良（和歌山県日高郡由良町）に移座している将軍足利義昭の西国下向の受け入れを承諾した（①「吉川家文書」）。また毛利輝元は越後の上杉謙信とも連携し、織田信長に敵対することが明白となった（②「歴代古案」）。

将軍足利義昭の西国下向の受け入れについて、佐々木哲氏は著書③『系譜伝承論―佐々木六角氏系図の研究』において、「足利義昭と真木島昭光が備後下向の援助を求めても承諾しなかったが、天正四年四月に六角義堯（よしたか）が要請すると受け入れている。足利義昭の備後鞆津への移

座は、義堯が交渉に乗り出したことで実現した。」と述べておられる。

天正四（一五七六）年七月十日、将軍義昭の西国下向の援助の受け入れを約束した毛利氏は、石山本願寺光佐の援助要請に応じて、毛利水軍総勢八千余を備後鞆津（福山市鞆町）から出航させた（④『上杉家御年譜』）。七月十三日から十四日早暁にかけて、大坂木津河口の船戦で、西国毛利水軍は織田方の水軍並びに尼崎の荒木摂津守村重の軍船等を焼き払い勝利を得た。

勝利を得た毛利輝元は、上杉謙信に宛てた八月二日付書状（⑤「上杉家文書」六四八号）で、「これまで、上様（将軍義昭）より上使を以て仰せになっていた備後（広島県）着国は可能となります。いよいよ（上様の）御命令に応えられるべく、今こそ尽力いたします。（中略）上杉殿は早々と加賀一向衆門徒と和睦なされて、急ぎ上洛のための御出馬をお願いいたします。」と上杉謙信の上洛を催促している。この文書によっても、将軍足利義昭はまだ備後国鞆津には着津していないことが明らかである。

大坂石山本願寺に兵糧を入れた毛利の船手の大将飯田越中、水軍児玉内蔵介・同水軍村上八郎左衛門等は、その後も播州高砂浦（兵庫県高砂市）に三百有余艘を乗り入れて滞留し、播州を窺っているという注進が、江州安土の織田信長にもたらされていた。

秀吉は次のように信長に献策したという。

万一播州の諸将が毛利に同心するような事があれば、南方の石山本願寺等との戦いは難し

くなると御意見なされ、播州衆を味方に引き入れるべく急ぎ筑前様を差し遣わせ候の次第、
（『武功夜話』翻刻Ⅲ巻六、五一頁）

播州の諸将とは東播州三木（三木市）の別所長治、同国御着（姫路市）の小寺則職(のりもと)、同家老の小寺職隆(もとたか)、同国龍野の城主赤松広秀、隣国備前元天神山城主（岡山県和気郡佐伯町）の浦上宗景等である。

すなわち、秀吉は総大将鈴木重幸率いる一向宗徒の人数三万有余が石山本願寺城に立て籠っている現状で、これ等の播州の諸将が毛利氏に与したならば、石山本願寺および紀州一向門徒の雑賀攻めも一層困難になると考えていた。

秀吉は天正四（一五七六）年七月中旬、信長から播州諸将の調略という重大任務を命ぜられた。秀吉は目的を果たすべく舎弟木下小一郎、浅野弥兵衛、蜂須賀彦右衛門、前野将右衛門、竹中半兵衛、杉原孫兵衛、宮部善祥坊、加藤作内、神戸田半左衛門、木村一兵衛（原文は木村常陸介）等主なる頭十人衆と相談した（『武功夜話』翻刻Ⅲ巻六）。

頭十人衆との相談の結果、先ず伊丹在岡城主荒木摂津守村重を頼み播州入りの策を立てることとなった。当時木津河口の船戦のあとで、伊丹の荒木摂津守は織田方の先手として毛利水軍と戦って敗北し、面目を失なっていた。荒木摂津守は播州御着の小寺藤兵衛政職(まさもと)、同家長小寺職隆（姫路城代、小寺官兵衛孝高の父）、同じく播州三木の別所小三郎長治、同孫右衛門重棟(しげむね)

とは入魂の間柄であった。

早速、蜂須賀彦右衛門が家来二十有余人とともに播州入りの手立てをおこなうべく、荒木摂津守のもとへ先発した。羽柴筑前守の書状に記された秀吉の意向とは次のようであった。

此度の播州表への秀吉の出張は武略をもって攻め入るものではない。芸州（広島）の毛利輝元が石山本願寺光佐に通じて信長の敵となった事が明らかになった。来春（天正五年春）には尾張、美濃、近江、畿内の猛勢五万有余の軍勢で、大坂石山本願寺を退治するため再度出馬の予定である。その時播州衆には我らに加勢をしてほしい旨、荒木摂津守から御着の家老の姫路城代小寺官兵衛孝高に伝えるため、蜂須賀小六を小寺官兵衛に引き合わせてもらいたい。

（『武功夜話』翻刻Ⅲ巻六、五二頁）

その後、羽柴筑前守を大将として舎弟小一郎秀長、蜂須賀彦右衛門正勝、前野将右衛門長康、竹中半兵衛重治、始めとして加藤作内光泰、木村一兵衛重茲（原文は木村常陸介）、神戸田半左衛門正治、一柳勘左衛門直次、宮部善祥坊継潤等を侍大将として速水勝太守久、木下将監昌利、桑山修理重晴、中村孫平次一氏、山内猪右衛門一豊、宮田喜八郎光次、藤堂与右衛門高虎、戸田半左衛門勝隆等屈強な者を打ち揃え、筑前守御馬廻衆大谷兵馬吉継、大塩金右衛門正貞、一柳市助直末、古田八左衛門重則、速水嘉兵衛等総勢一千五百八十有余人の人数で播州へ出張した（『武功夜話』翻刻Ⅲ巻六）。

さて、ここで当時の播磨国（兵庫県）の統地状況について述べる。

東播州八郡（明石・加古・印南・神東・神西・美囊・多賀・賀茂）を美囊郡三木（三木市）の赤松氏庶流別所小三郎長治が領していた⑥『別所長治記』、⑦『播州佐用軍記』）。国府の飾東郡、飾西郡を御着（姫路市）の赤松氏族小寺藤兵衛政職が領有していた（『播州佐用軍記』）。そして、西播磨五郡を統地していたのは佐用郡上月太平山城（兵庫県佐用町）の赤松蔵人大輔政範であった。赤松政範は西播磨殿といわれていた（『播州佐用軍記』）。

ここに記されていないが龍野（現、たつの市）を居城とした赤松広秀（のち但馬竹田城主）がいる。高坂好氏の著書⑧『赤松円心・満祐』によると、応仁元（一四六七）年五月、赤松政則の孫赤松下野守政秀（政則の子龍野城主村秀の子）は赤松政則の命で播磨に下り播磨を数日で平定した。これらにより赤松政則は室町将軍足利義政にも信任されて、播磨・備前・美作三ヶ国の守護となった。この赤松政秀は龍野城主として天文（一五三二〜一五五五）・弘治（一五五五〜一五五八）を経て永禄（一五五八〜一五七〇）年間にわたり活躍した。赤松広秀はこの赤松政秀の子である（同書「七　赤松政則」）。

西播磨殿といわれた赤松政範は播磨・備前・美作三ヶ国守護赤松政則の養嗣子・義村（赤松七条流政賢の子、置塩城主）の嫡男右京大夫政元（上月城主）の子である（『赤松円心・満祐』）。

秀吉が荒木村重を通じて最初に接触した人物は播州御着の姫路城代小寺官兵衛であったことは先に記した。ここで注目すべきは龍野の赤松広秀、佐用郡上月城主の赤松政範はもとより、三木の別所小三郎等は播州守護赤松氏の一族であった。そして小和田哲男監修⑨『黒田官兵衛』によると、御着の小寺藤兵衛の小寺氏の出自は、系図上は赤松氏一族とされているが元々は藤原氏出自の豪族であったようである（同書の野田泰三著「戦国期の小寺氏」より）。

しかし、御着の姫路城代小寺官兵衛は小寺氏を名乗っていたが、元は黒田氏であったことにその違いがあった。⑩『新訂黒田家譜』（以下『黒田家譜』と記す）によると、小寺官兵衛孝高は職隆の嫡男として、天文十五（一五四六）年十一月二十九日播州姫路に生まれた。晩年は孝高を改めて政成と称したという。親職隆は天正十三（一五八五）年八月二十二日、六十二歳で卒したとある。法名は光院殿満誉宗圓といったという（「孝高記」）。

話を元に戻すと、天正四（一五七六）年七月、荒木摂津守は先ず播州御着の姫路城代小寺官兵衛に蜂須賀彦右衛門を引き合わせて相談した。蜂須賀彦右衛門は荒木摂津守をして御着城主小寺藤兵衛（政職）を説得した。そして、蜂須賀と荒木は信長に同心していた別所孫右衛門を引き入れて三木の城主別所小三郎を諭すこととなった。

しかし、三木本城では伯父の別所山城守吉親（賀相）と舎弟別所孫右衛門重棟とが、それぞれ意見が対立して、兄弟不和になっていた（『別所長治記』、『播州佐用郡記』）。蜂須賀彦右衛門、荒木摂津守、並びに小寺藤兵衛が同座して別所小三郎を説得した。

結局、播州三木の別所小三郎長治が信長に同心した。これにより、東播州の次にあげる国人領主も信長に同心の意を表わした。

志方城　櫛橋左京亮
神吉城　神吉民部少輔
高砂城　梶原平三兵衛
野口城　長井四郎左衛門
糟谷城　衣笠備前守
淡火城　淡河弾正忠
五着城主　小寺藤兵衛尉
姫路城代　小寺官兵衛

（『武功夜話』翻刻Ⅲ巻六、五三頁）

⑪『秀吉に備えよ!!—羽柴秀吉の中国攻め—』によると、

志方城将　櫛橋則伊
神吉城将　神吉頼定（加古川市）

野口城将　長井長重（加古川市）

であるとその諱（実名）が記される。

天正四（一五七六）年十一月四日、信長は上洛して二条妙覚寺に寄宿した（『信長公記』）。十一月二十一日右大将は元の如くにて、信長は正三位内大臣に任官した⑫『公卿補任』）。

これにあわせて、秀吉は十一月中旬（『信長公記』は十一月十四日と記す）、守護赤松氏一族で播州龍野城主赤松広秀・播州御着の小寺藤兵衛尉政職・播州三木の別所小三郎長治・別所孫右衛門重棟・元備州天神山の浦上備前守（村宗）、浦上遠江守（宗景）等を相伴い上洛した。播州衆は妙覚寺において信長に拝謁し、今度の所領地安堵の事の御礼を申し上げた。信長から所領地を安堵された播州衆は秀吉と共に在京して年を越した。

この時播州姫路山に留まっていたのは、舎弟小一郎、蜂須賀彦右衛門、前野将右衛門等羽柴勢五百有余人であった。播州衆で姫路山に留まった者は小寺官兵衛、加古川の賀須屋内膳、野口城主長井半左衛門等であった。

この越年の時、姫路城で蜂須賀彦右衛門、前野将右衛門、竹中半兵衛が御着の小寺藤兵衛と御着姫路城代小寺官兵衛について次のように話をしていた。

小寺藤兵衛は実に武辺一途の者、しかしながら姫路山城代小寺官兵衛なる者は仲々の曲者である。元々小寺藤兵衛の家臣であるが知行がわずかなので城代に甘んぜず、一国の支配を望む不敵な態度である。主人を欺いて事をなすのに意に介さない。

そして、竹中半兵衛は次のように語る。

毒変じて良薬になるという喩えがある。官兵衛を呼んで、諸々の事に彼を用いれば待つ事なく済ませられる。

（『武功夜話』翻刻Ⅲ巻六、五四頁）

軍師竹中半兵衛は初対面から程ない時期に、のちの秀吉の軍師となった小寺官兵衛孝高を高く評価していたことが窺い知れる。

参考文献

①『大日本古文書』「吉川家文書」六二八号・畠山義堯書状
②「歴代古案」第一、一三四号・眞木嶋昭光奉書、群書類従完成会、二〇〇二年
③佐々木哲『系譜伝承論―佐々木六角氏系図の研究』（第四章「六角義堯の研究」の「鞆幕府

の樹立」）思文閣出版、二〇〇七年
④『上杉家御年譜』米沢温故会、原書房、一九八八年
⑤『大日本古文書』「上杉家文書」六四八号・毛利輝元書状（一部常用漢字を使用）

先日奉書状候之處、為御返書、去六月十一日芳墨到来、致拜見候、誠以珎重至之至候、如仰就　公方様御動座之儀、致御請之趣、得御意候喜、御懇被仰下、畏入候、抑貴國賀州被成御和融、當秋可被及御行之由、尤肝要存候、従　上意様茂、去比以上使被仰進之条、漸可為着國候、弥被應、御下知、御馳走此節候、將又、此方事、至大坂諸警護固船差上、於木津河口、去十三日、敵舩數艘切崩、千余人射捕之、至寺内兵糧入置之、得太利候、先以本望存候、西口之事、如此無寸暇相催候、早々賀州被仰談、御出馬不可有御遅滞候、於然者、此御報嚴重示預、尚以、當方海陸軍勞不可存油斷候、猶小早川、吉川並老共可窺貴慮候、恐惶謹言、

八月二日　　　　輝元（花押）

上杉殿參　　　人々御中

⑥『別所長治記』戦国史料叢書、新人物往来社、一九六五年

⑦『播州佐用軍記』続群書類従第二十二輯下、続群書類従完成会、一九七六年
⑧高坂好『赤松円心・満祐』吉川弘文館、二〇〇六年
⑨小和田哲男監修『黒田官兵衛』野田泰三「戦国期の小寺氏」、宮帯出版社、二〇一四年
⑩『新訂黒田家譜』川添昭二・福岡古文書を読む会校訂、文献出版、一九八三年
⑪『秀吉に備えよ!!―羽柴秀吉の中国攻め―』長浜市長浜城歴史博物館発行、サンライズ出版、二〇一四年
⑫『新訂増補國史大系　公卿補任』編輯者 黒板勝美、吉川弘文館、一九九一年

三、羽柴筑前守播州へ発向（一五七七年、天正五年十月）

『武功夜話』巻七に記される天正五（一五七七）年十月十九日播州発向陣立は次の如くである。

一、天正丁丑十月十九日
　羽柴筑前守様播州発向惣勢子の覚え
　　寅七ッ半（午前五時）
案内役、尼子助四郎（勝久）

一、先備え、蜂須賀彦右衛門尉（正勝）
案内役、山中鹿之助（幸盛）
蜂須賀衆人数三百六十人
尼子衆人数二百三十人これあり
脇、堀尾茂助（吉晴）、この人数百三十人
一、先備え弐段
脇、木村常陸介（重茲）、この人数百六十人
一、中備へ（ママ）一段、羽柴小一郎（秀長）
藤堂与右衛門（高虎）
宮部善祥坊（継潤）
山内猪右衛門（一豊）
この人数一千五百人
一、中備え二段、浅野弥兵衛尉（長政）
杉原孫兵衛尉（家定）

三輪五郎左衛門尉（吉高）

この人数一千三百人

一、使番蜂須賀衆、稲田大炊介（稙元）

森五兵衛

中村右近

岩田七左衛門

この人数馬乗十騎

尾藤甚右衛門（知宣）

神戸田半左衛門（正治）

戸田半左衛門（勝隆）

大崎藤蔵（長行）

一、中備え三段、青木勘兵衛（一矩）

桑山修理亮（重晴）

木下将監（昌利）

宮田喜八郎（光次）

生駒甚助（親正）

この人数一千二百人

一、御大将、羽柴筑前守

前野将衛門尉長康

竹中半兵衛尉重治

一、御馬廻り衆、脇坂甚右衛門（安治）

薄田伝兵衛（古継）

大塩金右衛門（正貞）

小野木清兵衛（重次）

中西弥五作（守之）

速水勝太（守久）

一柳市助（直末）

中村次郎左衛門（一氏）

大谷平馬（吉継）

古田吉左衛門（重則）

一柳弥三右衛門

この人数馬上三十有余人

一、御使い衆、蜂須賀衆

松原清左衛門

他に五人

前将内

一、後備え、前野兵庫（忠康）

この人数三百五十八人

一、荷駄、前野三太夫（宗高）、村瀬喜平次（吉康）

前野清助門、御使い番も相兼ね候

前将内、この人数六十有余人あり

〆而惣勢五千六百四十有余人

右は丁丑（天正五年）十月十九日寅七ッ半（午前五時）播州に向い候なり

一、此度筑前様播州表発向に付き

長浜在番衆御留守居仰せ付けらる者

杉原七郎左衛門尉（家次）

真野左近（助宗）
一柳勘左衛門（直次）

右は天正五（一五七七）年十月十九日午前五時、総勢五千六百有余人で江州長浜を発向した時の陣立てである（巻七「天正五年十月十九日、羽柴筑前守播州発向の陣立て覚え」）。

右の陣立てで、雲州牢人尼子孫四郎勝久と山中鹿介幸盛が案内役として登場していることに注目したい。

勝久・幸盛等は、天正二（一五七四）年九月、毛利入道浄意が在番する因州鳥取城を攻めて、これを落去させて入城を果たした。その後因州南東部若桜鬼城（わかさおに）（鳥取県八頭郡若桜町）で籠城を続けていた。しかし、天正四（一五七六）年五月、吉川元春等の攻勢により若桜鬼城は落城した。勝久・鹿介等は但馬へ逃げた。秀吉は信長の命令で東播州御着の小寺藤兵衛の姫路城代小寺官兵衛所（どころ）へ出張して、三木の別所小三郎等の調略にあたっていた天正四年七月後半から十月頃までに、尼子勝久・山中鹿介、立原源太兵衛等が但馬を経て羽柴陣中に逃げてきていたのである。

雲州月山富田城が、永禄九（一五六六）年十一月に落城して、尼子家牢人山中鹿介幸盛、立原源太兵衛久綱等は主尼子孫四郎勝久とともに辛苦に堪えて十年。『武功夜話』によると山中鹿介に従う者、その名をあげると奇想天外の者ばかりである。（　）内は筆者による。

一、破骨障子之介（やぶぼねしょうじのすけ）　一、阿波鳴門之介（あわなるとのすけ）
一、井筒女之介（いづつおんなのすけ）　一、五月早苗之介（さつきさなえのすけ）
一、尤道理之介（もっともどうりのすけ）　一、藪原茨之介（やぶはらいばらのすけ）
一、上田稲葉之介（うえだいなばのすけ）　一、早川柳之介（はやかわやなぎのすけ）
一、淵川鯰之介（ふちかわなまずのすけ）　一、因幡伯兎之介（いなばはくとのすけ）
一、六方破之介（ろっぽうやぶれのすけ）

これらの者、名の如く当千の武者原、何れも山中鹿之介に相随い伯（伯耆国）・雲（出雲国）・但（但馬国）の牢人衆なり

（巻七「西国毛利家由来の事、尼子氏の事、山中鹿之介の事」）

此度（こたび）は羽柴筑前守播州発向の陣立てで、先備え蜂須賀彦右衛門の案内役として名誉の播州繰入れであった。

さて、江州長浜を午前五時に発向した五千六百有余の羽柴勢が安土に到着したのは同日午前九時頃、安土城大手馬場前に勢揃いした。

秀吉は安土城大手馬場前で信長に謁見し、播州繰入れにつき粉骨の覚悟の口上を述べた。信長は頼もしくご覧になって、秀吉の軍装がまことに盛んであることに感心した。信長は此度の播州入り誠に大儀の旨と言いだされて、「急々の征旅なれば万不如意な事あらば遠慮申さず申

すべき」と、信長から有り難い言葉を賜わった。秀吉は信長の御前に跪き、しばらく頭を上げ得ず感涙しきりであったという。そして秀吉は次の如く言上した。

某（秀吉）は過日軍法に違乱した曲事で、死を賜わるのが当然の罰であったところ、格別の温情をもって御許しいただいた事の厚恩を思わぬ日はありません。しかるに、播州の切り取りの御下命を蒙り、重ねての御恩勿体ないことであります。かくなる上は速やかに播州表へ出張いたし万端油断なく、上様（信長）の御意に叶うよう家来ども上下一丸となるべき次第と覚悟しています。

（巻七「羽柴筑前守播州発向の事、播州陣の事」）

信長は気遣って逞しい馬を秀吉に与えた。秀吉にとっても、まことに晴れがましい出陣となった。その様子は「大瓢簞の馬印　秋光に燦然（さんぜん）として輝き、馬の嘶き安土の御山に応ず、路々三ッ日をもって播州の国境に達す」と『武功夜話』に描写されている。

摂津伊丹の荒木摂津守村重が八百有余人を率いて参陣し、播州繰入れの先導をした。安土を出陣して路々三日の軍旅を経て、十月二十三日播州に入った秀吉は、陣所を御着の小寺藤兵衛の姫路城代小寺官兵衛の姫路城と定めた。①『兼見卿記』天正五年十月二十三日条に「羽筑至播州出陣云々」と記されていて、秀吉が播州姫路に入ったことがわかる。

三木城主別所小三郎長治、同伯父孫右衛門重棟、御着城主小寺藤兵衛政職並びに同国府姫路の城代小寺官兵衛孝高等が迎えに出て、秀吉のこの度の播州入り大儀の旨の挨拶を申し上げた。別所と小寺は、国府姫路の小寺官兵衛陣所へ案内して饗応の限りを尽くして、恭順の意を顕した。秀吉は別所と小寺に向かって今度の播州入りについて信長の言葉を伝えた。

内大臣信長公は少しも野心はない。すでに貴殿等は毛利とお手切りの状況、いつかは毛利との一戦は避けられないこととなる。従って、秀吉等が貴殿等の後見となり、連繫して毛利の乱入に備えることが信長公の本意である。いたずらに争いを好むものではない。

（巻七「羽柴筑前守播州発向の事、播州陣の事」）

この時不参加の者は佐用郡・穴栗郡・揖西郡・揖東郡・赤穂郡五郡のうちの国侍衆であった。これら西播磨五郡は佐用郡上月城（兵庫県佐用郡佐用町寄延）の赤松政範の領有するところであった。

今は信長に旧領を安堵されて、秀吉に与力している三木の別所・御着の小寺は元々播州守護赤松氏の被官人であった。赤松衰亡の後は東播州十郡を分けて所領している。今度、羽柴筑前守の播州入りに彼等が与力する真の心は測りがたいところがあった。

とくに、御着の小寺藤兵衛を差し置き、秀吉を陣所に招致した姫路の城代小寺官兵衛の進退

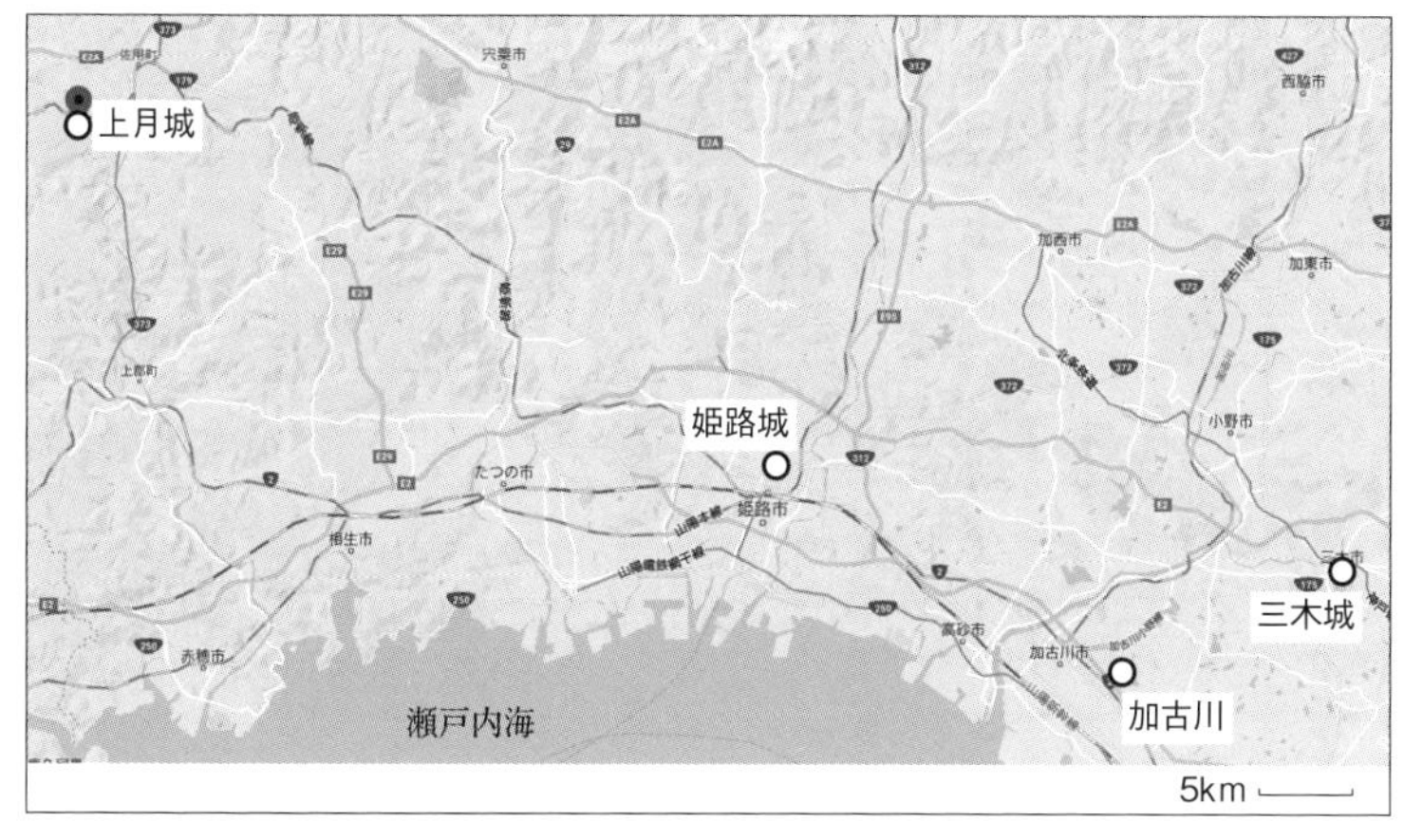

図　三木城—上月城位置関係

が異様であった。この官兵衛の進退に御着の主小寺藤兵衛も不服の様体であったとされる。さらに、国人衆を差し置いた別所小三郎・伯父孫右衛門重棟の豹変振りは孫右衛門重棟の兄山城守吉親（別所賀相）や別所譜代の神吉民部少輔・淡河弾正・櫛橋左京亮（『黒田家譜』では櫛橋左京進）等から陰口や誹謗が出ていた。また国人衆からも不服の存念が漏れていた。

このような播州諸将の状況の中、播州姫路に入った秀吉は、蜂須賀彦右衛門が地理に詳しい小寺官兵衛を案内役として、早速播州十郡を東西に走り細作を続けた。

そして、秀吉は姫路から加古川まで出張して、譜代の家臣を集めて内密に軍議評定をおこなった。評定には別所、小寺等の国人衆は除かれた。記録役は前野将衛門に同道していた前野清助（義詮、将衛門長康の従兄弟）である。

当夜の軍議参会の衆、密々に相謀り候なり。羽柴筑前守、羽柴小一郎、浅野弥兵衛、前野将右衛門尉、蜂須賀彦右衛門尉、杉原孫兵衛尉、宮部善祥坊、青木勘兵衛、尾藤甚右衛門、加藤作内尉、木村常陸介、中村孫平次、生駒甚助、桑山修理亮、戸田三郎四郎、神戸田半左衛門、藤堂与右衛門、竹中半兵衛尉、右大方の面々に候。御軍議は酉の六ッ半より亥の四ッ半に及び候なり、御舎弟小一郎様丹州に向い繰り出し、明後日卯の刻六ツと相極め候。

（巻七「羽柴筑前守、播州において評定の事」）

右本文中の「当夜」とは、舎弟小一郎が但馬討ち入りの十月晦日の二日前のことである。軍議は午後七時より午後十一時までであった。

ここで軍議評定における舎弟小一郎、浅野弥兵衛、竹中半兵衛の発言を順に引用する。

舎弟小一郎の発言

三木別所と御着小寺を始め国人衆は、数年前より上洛して信長公に好みを通じ、誓紙を受けた者であります。なお兄者人（秀吉）の今度の播州入りに、夫々人質を差し出して、背かない態度を見せています。信長公は此等の者の所領を安堵なされ、御目にかけられて兄者人（秀吉）に協力するよう仰せ付けられました。それ故今度兄者人（秀吉）を播州に遣わして、国人衆を安堵せしめ、播州が平穏に治まるように、信長公は御思慮なされました。ところで、兄者人（秀吉）の直臣でない小寺官兵衛は、主の御着城主小寺藤兵衛を差し置き、陪臣の身をもって我一人の栄誉を欲する者、なかなかの曲者です。しかし、かくの如き官兵衛の身の処し方は、実に官兵衛が真の忠節粉骨を持つ者であるが故です。官兵衛を備前境へ遣わして宇喜多の先鋒に向かわせれば、国人衆は筑前様（秀吉）に「虎狼の心なき事」（残忍な心がない事）を納得するはずです。これは信長公の仰せにも叶うと心得ます。無闇に騒乱を招き争いを起す事は本意ではありません。前野将右衛門、並びに浅野弥兵衛が申す如く、今度大人数で播州に繰り入りしましたので、いろいろ出費も多く、万一軍用金の不足という事態が起これば、武勇も忠義も衰え過分の負担が懸っては軍役は全うできません。あまつさえ信長公の威光を損ない、われらは汚名を蒙り諸人から嘲笑を免ぬがれず、曲事の儀として厳罰を受ける事になります。それゆえ隣国の但馬はここから十里余（四十キロメートル余り）、生野なる所は白金の花咲く所と聞き及んでおります。速やかに人数を差し向け、山口（朝来市山口）、岩州（朝来市岩津）並びに竹田（朝来市和田山町）の諸城を責め取る事が肝要と存知ます。

浅野弥兵衛の発言

尤もの事です。兼てから播州の事で織田方の出張ある時は、信長公の思召しの如くに国人衆に忠勤を尽くすべき旨の誓約書を取り交わしてあります。そのため国人衆を無下にせず意見をよくよく聞き届けて譲る事が上策と心得ます。徒に慌てて後日に重大事を引きだすのは大将の任ではありません。無論、当地の国人衆は毛利との境目の者、今は信長公に与力して恭順の意を顕し、我等に播州入りの味方をしていますが、日和見の者も大勢います。彼等西国侍といえども侮どる事はできず、武勇絶倫の者どもであります。いま国人衆から官兵衛の身の振舞いについてしきりに怨礎の声が出ています。しからば官兵衛に備前境の福原右馬亮の居城福岡野の責め口を申しつける事が当然の手立てです。

竹中半兵衛の発言

殿（秀吉）は全軍を率いて上月の城責めへ向かわれよ。自分は官兵衛を先導として福岡野の城に向かうつもりです。前野将右衛門の申すとおり、但馬生野銀山を手に入れる事は、将来の殿（秀吉）の軍威が隆盛する基である。但馬を奪取する事に、播州の国人衆に聊か（いささ）も遠慮がない事です。御高配をお願いします。

前野将右衛門の発言

某（前将）考えるに、我等が播州入りして、毛利に構えた事を聞いたら毛利方の備前宇喜多の動きが気懸りになります。小寺官兵衛を先導に東播州十郡の細作に出た蜂須賀彦右衛門が帰るのを待って、なるべく機先を制して国境の上月の城を責め取るのが上策である。察するに隣の但馬国は空虚な地です。毛利方は播州に気を取られ、但州は手薄となります。間髪入れず朝来郡の岩州と竹田の二城を責め取る事は播州国人衆は騒ぎ立てないと思います。躊躇してこのまま播州において陣取る事に利はありません。

別所・小寺の国人衆を除いた加古川でのこの軍議で、舎弟小一郎、浅野弥兵衛、竹中半兵衛、前野将右衛門の意見は一致していた。それは竹中半兵衛が官兵衛を先導として殿（秀吉）とともに備前境の上月の城、福岡野の城に向かうという策であった。前野将右衛門は間髪入れず朝来郡の岩州（朝来市岩津）と竹田（朝来市和田山町）の二城を攻め取ることが肝要だと言った。そして、舎弟小一郎が言ったように、将来の軍用金の確保のために、白金の花咲く但馬を手に入れることが肝要と認識された。

ところで、芸州毛利退治の際、不変の忠節の覚悟を信長に申し出ていた播州衆は、備前乱入の先鋒は播州衆に申し付けられる様に紙面にて誓紙連判していた。信長からも毛利退治の先陣を間違いなく申し付けると告げられていた。ここに播州国人衆の切々とした声を挙げる。

> 国人衆口を揃えて申す様は、隣国備前の浮田は大身に候。近くに候えば、上月取り抱え一勝あると雖も、日を待たず多人数をもって押寄せ来たり、奪い返すは必定、しからば某ども国人その勢いを合すれば万余の人数これあり、某ども信長公との約束事先陣を承り致し候なり。
>
> （巻七「羽柴筑前守、播州において評定の事」）

そして、先備え蜂須賀彦右衛門の案内役として参陣していた尼子勝久並びに山中鹿介の尼子党の者どもは、毛利家に遺恨有る者ばかりなので、切歯扼腕して太刀の柄を叩き、長柄の鑓を小脇に抱えて、一刻の猶予も成らずと同じく先陣を乞い願っていたのである。

結局、佐用郡上月の城攻めの先陣は尼子衆五百有余人と決められた。その理由について『武功夜話』は、毛利に遺恨ある尼子衆が失地を恢復すべく、是非とも先手を乞い願ったため、拠(よんどころ)無(な)く尼子勢を先陣となし、別所・小寺、国人衆を後巻に据えたと淡々と記している。

御評定中尼子衆失地を復すべく上月の先手を乞い望み候、無拠ため別所、小寺、国人衆を後巻きとなされ候なり。（巻七「上月責めの事、但馬責めの事、播州陣の事」）

続いて佐用郡上月の城討ち入りと但馬討ち入りの陣立てを左に掲げる（原文中の尼子助四郎は尼子孫四郎の誤り）。

播州佐用郡上月の城責め衆の先手
一、御大将羽柴筑前守
一、先手　尼子助四郎勝久
　山中鹿之助幸盛
一、蜂須賀彦右衛門尉
浅野弥兵衛尉
神戸田半左衛門

中村孫平次
荒木摂津守
右の如く上月城責めの人数〆而四千二百有余人
福岡野の城責め
代将、加藤作内
付将、竹中半兵衛、一柳市助
案内役、小寺官兵衛尉
この手の人数〆而一千二百有余人
右の如く播州佐用郡討入りの部署相極め候なり。

但馬討ち入り
一、御大将舎弟小一郎
天正丁丑（五年）十月晦日発向
一、付将
前野将右衛門　　生駒甚助
宮部善祥坊　　宮田喜八郎
青木勘兵衛　　堀尾茂助

藤堂与右衛門　　木村常陸介

この人数三千二百有余人

（巻七「上月責めの事、但馬責めの事、播州陣の事」）

さて、美作（岡山県北部）との国境の上月の城攻めに別所・小寺、国人衆を後巻きとした羽柴筑前守の戦略とは何であったか、ここで考察を試みる。

佐用郡佐用の福岡野の城と上月の城攻めには、秀吉を補佐した播州姫路城代小寺官兵衛孝高の活躍があったことは見逃せない。

ここで秀吉並び頭衆と孝高との出会いからの経緯を簡単に書き起こす。

天正四（一五七六）年七月、織田水軍は毛利水軍に大坂木津河口の海戦で敗退した。毛利の水軍の将児玉内蔵助、村上八郎左衛門等は播州の高砂浦へ三百余艘を乗り入れて滞留、なお播州切り取りを窺う状勢であった。秀吉は万一播州の諸将が毛利に同心したならば、石山本願寺、紀州雑賀門徒等南方の戦いが不利となることの意見を信長に献策していた。信長は播州衆を味方に引き入れるため、天正四（一五七六）年七月急遽秀吉を派遣した。秀吉と小寺官兵衛孝高との接触はこの時が初めてであったと思われる。

秀吉は天正四（一五七六）年十一月、但馬守護山名祐豊と龍野の赤松広秀、御着の小寺藤兵衛、三木の別所小三郎、元備前天神山の浦上宗景等の播州国人領主を連れて上洛し、信長に拝謁した。国人衆は所領を安堵された。この年秀吉と播州衆は在京して越年した。

一方、この年（天正四年）の越年の時、姫路城中で早くも竹中半兵衛は小寺官兵衛のことを「図南（となん）の志ある者」（大事業を企てる志のある者）と高く評価していた。軍師竹中半兵衛の小寺官兵衛についての生の発言を『武功夜話』より引用する。

> 官兵衛の事、某（半兵衛）がよく考えると、性来主君のお気にいりの家来の仕業ではない。すでに居城を明け渡して殿（秀吉）を招致したのは、尾を揺すり憐れみを乞うからではない。殿（秀吉）の直臣でなく、御着城主小寺藤兵衛の姫路の城代でありながら、主を欺くごとくの行動に出るのは図南の志、すなわち大事業を企てる志のある者と存ずる次第、
>
> ……
>
> （巻七「羽柴筑前守播州へ発向の事、播州陣の事」）

小寺官兵衛はやはり機を見るに敏なる者、先見の明のある者、大事業を企てる志を持った人物と評価されていたことが窺える。

ここで、安土の信長からも高く評価された官兵衛と秀吉との間柄について記す。

先ず、②『黒田家譜』の「孝高記」に収載される（天正五年）七月二十三日付秀吉自筆書状（写し）があるので次に引用する。その秀吉自筆書状は孝高への返事として書かれたという。

その一部に、

その方のことは、我らおと、の小一郎めと同然に心易く思いますので、

とある。すなわち秀吉は「孝高のことは自分の弟小一郎と同然に心やすく思う」と述べている。その一方で秀吉は、秀吉をよく思わない人がいるので孝高に何事にも用心するよう伝えている。

ところで、話が逸れるが泉州堺の豪商天王寺屋津田宗及の③「宗及茶湯日記」によると、小寺官兵衛は三名の客の正客として、天正五年六月十一日宗及の朝の茶事に招かれていることが知られる。この日の六月十一日の昼の茶事には宗易（千利休）等が招かれた。既に孝高は後の千利休等とこの頃から交友があったものと察せられる。

天正五（一五七七）年八月、秀吉は北国探題柴田勝家の北越出陣に参加したが、勝家と意見が合わず軍法違反を覚悟して、九月五日には江州長浜に帰陣したため、信長から蟄居を命ぜられた。長浜帰陣直後に播州調略のため出張していた舎弟小一郎が小寺官兵衛と嫡子松壽丸を長浜城に連れてきた。天正五（一五七七）年九月二十二日のことであった。秀吉は小寺官兵衛と再会し、ただちに松壽丸を連れて安土城へ参上した。この時信長から軍法違反は許されて、ここであらためて「播州一国思うままの切取り仰せ付けられ候」（『武功夜話』巻七）と秀吉は播

州一国切り取りを命令された。その後、松壽丸は秀吉の長浜城に預けられた。

そこで、秀吉は如何にして信長の命令を実行するか策を考えざるを得ない状況に立たされた。播州一国を思うがままに切り取れという信長の命令は、舎弟小一郎を始めとして、安土へ同伴した浅野弥兵衛、蜂須賀彦右衛門、前野将右衛門、竹中半兵衛と松壽丸の親小寺官兵衛が内密に承知したことであった。

一方、官兵衛の子松壽丸は人質として信長の命令で秀吉の近江長浜城に預けられた。これについて、本山一城氏の著書④『黒田軍団』によると、播州の大名の人質が荒木村重に預けられたが、松壽丸が長浜城に預けられたのは、いかに織田信長が黒田孝高を重要視していたかがわかる。また秀吉夫人（おね）のもと、松壽丸は歳の近い福島正則・加藤清正らとともに養育されていたのである。

以上のとおり、羽柴藤吉郎秀吉は以前から舎弟小一郎、並びに首衆、中でも譜代の蜂須賀彦右衛門、前野将右衛門、竹中半兵衛との強い結束を持っていた。今度大人数での播州繰り入れに、地理にも詳しい智勇兼備の小寺官兵衛孝高が加わり新たな絆ができたと考える。長浜城で秀吉夫人（おね）のもとで養育された嫡子松壽丸の存在が、孝高と秀吉並びに譜代の首衆との結束をより強固にしたことは疑いのないことであろう。

では、信長の命令である「播州一国思うままの切取り」を如何に実行したか、秀吉の戦術について記すこととする。

十月二十三日播州入りした秀吉は、数日後加古川へ出張して譜代の家臣を集め内密の軍議評定をおこなった。その評定で、前野将右衛門は「なるべく機先を制して国境の上月の城を責め取るのが上策」とか、「間髪入れず朝来郡の岩州（朝来市岩津）と竹田（朝来市和田山町）の二城を責め取る事は播州国人衆は騒ぎ立てない。躊躇して播州に在陣しても利なし」と意見した。前野将右衛門の意見を聞いていた舎弟小一郎が次のような言葉を発したという。

兄者人に申す、しからば尼子助四郎、山中鹿之助をもって先陣と為しめ、南方の上月に懸け給え、我等と前将の人数二千をもって但州へ討ち入り雷撃仕らん

この舎弟小一郎の発言を受けて「筑前様異議なく候」と記されており、秀吉も肯いたという（巻七「羽柴筑前守播州へ発向の事、播州陣の事」）。

国境の上月の城攻めに尼子衆を先陣とし、別所・小寺、国人衆を後巻きとするというこの戦術に秀吉始め浅野弥兵衛、蜂須賀彦右衛門、前野将右衛門、竹中半兵衛にも異議は無かった。

この「上月の城責め衆は尼子、国人衆は後巻き」という戦術は、実は小寺官兵衛が口添えした謀計であったと『武功夜話』は伝える。

小寺官兵衛の謀計とは、西国毛利退治と偽り国人衆を欺き、国人衆が心好しとせず、もし謀反を志して手向かうようであれば、これは願うところ、諸城を取り詰め陥落させて、播州一円

を平定し、遂には播州一国を切り取るというものであった。信長の命令で播州一国切り取りを狙っていた秀吉は官兵衛の謀計を全て承知していたはずである。

案の如く、明くる年の正月（天正六年正月）羽柴筑前守在京中に別所の謀反、播州表騒乱の兆しがあらわれた。

参考文献

①『兼見卿記』史料纂集、続群書類従完成会、一九八七年
②『新訂黒田家譜』川添昭二・福岡古文書を読む会校訂、文献出版、一九八三年
③編集代表者千宗室『茶道古典全集』第七巻、「天王寺屋会記」解説編　下巻、「宗及茶湯日記自会記」（自天正六年至同十年自会記）、淡交社、一九七一年
④本山一城『黒田軍団　如水・長政と二十四騎の牛角武者たち』宮帯出版社、二〇〇八年

四、舎弟羽柴小一郎但馬討ち入り（一五七七年、天正五年十月）

天正五（一五五七）年十月晦日、舎弟羽柴小一郎は播州国府姫路の北端に人馬を集めて、人数三千有余で但州（兵庫県北部）に向けて発向した。この時、播州赤穂白旗の城主赤松左兵衛佐がおおよそ七百有余の人数で参陣した。秀吉は赤松左兵衛佐が但州の地理に詳しいので先陣を命じた。

神東郡福本（神埼郡神河町福本）、栗加（同町栗賀町）を経て播・但の境真弓（朝来市生野町）より、但州朝来郡生野道へ出た。

岩谷の険難の道を打ち越え、先ず太田垣出雲守が固めていた朝来郡内の岩州（朝来市岩津）・山口（朝来市山口）の城を攻めた。北曲輪から宮部善祥坊・赤松左兵衛佐等、前野将右衛門と木村一兵衛（常陸介）等が、また大手口から大将羽柴小一郎が取り巻き、短兵急に攻め立てた。城兵は力尽き城を捨て退散した。

次に山名四天王太田垣土佐守輝延の居城竹田城（朝来市和田山町）を両三日昼夜を分かたず攻めた。城は険祖なる山頂に築かれていて、まことに堅固であった。寄せ手の羽柴勢に岩石を投げ落とし手向かったが、諸方より鉄炮三百挺筒先揃えて撃ち入ったので、太田垣土佐守は降参して開城した。

これより養父郡に討入り、同じく山名四天王の一人八木但馬守豊信の八木城（養父市八鹿町八木）を始め、坂本城（養父市八鹿町坂本）の橋本兵庫介、朝倉城（養父市八鹿町朝倉）の朝倉大炊、三方城（養父市大屋町宮垣）の三方左馬介、宿南城（養父市八鹿町宿南）の宿南右京等を攻めて降参させた。但馬二郡に討入ってから二十日余りであった。

但馬竹田の城に舎弟羽柴小一郎が入城した。それぞれ首衆を伝えの城の代官として、養父郡内は朝倉の城に青木勘兵衛、坂本の城に宮部善祥坊、三方の城に木村一兵衛を在番させた。播州に近い朝来郡山口・岩州の城に前野将右衛門が入った（巻七「天正五年十月但馬責めの事、赤松左兵衛佐但馬責め合力の事」）。

ここで木村一兵衛が在番となった養父郡内の三方城について触れる。兵庫県養父市教育委員会の「参考資料」によると、三方城は養父市大屋町宮垣にある城址で、地元では三方城または宮垣城と呼ばれているという。城主は三方正秀であった。城は大規模な堀切・土塁や複数の竪堀を持つことから、南北朝期に築城起源を有する城郭を戦国期に改修したものであるという。琴弾峠を越えて八木城と結ばれていて、このため八木城の南側の木戸口を押えることにもなる重要な場所であった。そして、三方氏は城の規模から三方庄を勢力基盤とした国人領主であったと考えられるという。

さて、舎弟小一郎は十一月二十日過ぎには竹田の城に入城した。朝来郡・養父郡の二郡の目代（城代）となり在城することとなった。

但馬二郡の状勢は播州表の羽柴筑前守へ逐一報告された。その頃、秀吉は西播州の三ヶ月（兵庫県佐用郡佐用町三日月）に陣を張っていた。舎弟小一郎が播州へ送った使者戸田三郎兵衛勝隆が十一月二十五日付筑前守秀吉の書状を持参して但州竹田に戻った。その時、秀吉の内意を舎弟小一郎と在陣の首衆に直接申し聞かすべく、播州三ヶ月の本陣から加藤作内光康が差し添えられた。その秀吉の十一月二十五日付書状の写しを見ると次のような内容である。

一、戸田の口上と一書の注進を受けたまわった。但州の難所を打ち越え早々に竹田落去の様子、まずは目出度い。

一、山名祐豊は威勢が漸く衰えたとは言え、気田郡・城崎郡を領地する垣屋一族等は侮り難いので、竹田城から養父郡内へ討ち出るのは良いが、豊尾峠を越えて北へ出てはならない。

一、金山の事、前野将右衛門に申し付けてあるので、岩州に在城して金堀職人の頭・物知りには重々心を遣い、従前の如く掘り出すように。

一、朝来・養父二郡の内、神社・仏閣に禁制札を出し、乱暴・狼藉・放火など厳重に申し達する事。万一違乱の輩あれば、厳科にすべき事。

一、播州佐用郡、揖保郡を責め取ったら、秀吉自身が安土に参上して、御内府様（信長）の御命令を受けるつもりである。

一、戸田三郎兵衛に差し添えた加藤作内光康に申し含めた重要な諸事があるので、在陣の面々に申し聞かすべし事。

一、但州から播州に通じる繋ぎの城は重要なので異変あれば速やかに注進せよ。加籐作内に鉄炮・玉薬を持参させてあるので、国境の城在番衆に欠かさず割り付ける事。なお寒天・深雪の時節故、兎にも角にも兵糧の蓄えを十分に。もし敵が懸ってきても出来るだけ応戦は避け、朝来・養父二郡の城を頑丈に陣取る事。

（巻七「羽柴筑前守、但馬陣御諚の事」）

当時但馬国は出石有子山城主（兵庫県豊岡市出石町）に守護山名右衛門督祐豊、城崎郡鶴ヶ峰城主（楽々前城主とも、豊岡市日高町）に本家垣屋播磨守光成・同隠岐守恒総父子、分家宵田城主（豊岡市日高町宵田）に垣屋越中守家、そして日本海々岸部の気多郡轟城主（豊岡市竹野町）に分家垣屋駿河守豊続が勢力を保持していた（①『山名』第五号）。

先の書状にあるように、秀吉から加藤作内に申し含められた重要な諸々のこととは何か。早速十一月晦日、舎弟小一郎は竹田城に前野将右衛門、青木勘兵衛、宮部善祥坊、木村一兵衛等諸将を召集して軍議を開いた。上月の城攻めの軍立てに三木別所が参陣しなかったためである。さらに今後に向け、使者をもって但州有子山城主山名祐豊を調略するようにとのことであった。加藤作内が語ったこととは次のようであった。

今度の軍勢発向の時、佐用郡上月の城責めに三木別所、御着小寺等の別所党は納得せず参陣しませんでした。これはまことに異常な事です。佐用郡上月の城責めは羽柴筑前様の人数もっておこない、先鋒は尼子助四郎・山中鹿之助にお命じになった。三木別所小三郎の心中は察し難く、国人衆も同然の事です。不審な事でありますが、今とり分けて追求しない事として、備前岡山の宇喜多が美作の国人衆の調略等の攻勢をかけたなら困るので、作州に近い三ヶ月（現、三日月）に着陣して諸将の部署を相定め、早急に上月城を責め落とす手筈であります。この時期に、舎弟小一郎様の但州討入り、二郡を討ち果たして竹田に在城するという疾風の働きに大変感激しておられます。佐用郡、揖保郡を平定したら、筑前様御自身竹田へ出向かれる御所存であるとの事です。なお但州の状勢逐一注進せよとの命令であります。万一別所の謀反という事態になれば、これは一大事となります。付いては但州出石の有子山城主山名祐豊の進退を筑前守様は気にかけておられ、これ以上は力責めはなさず、織田に味方するなら、旧領安堵する旨を仰せ出されています。使者をもって有子山の山名祐豊を必ず味方に引き入れるように某（加藤作内）に筑前様が言い含められました。

（巻七「天正五年十一月、加藤作内、羽柴筑前守の御諚を持って但馬に来る事」）

秀吉が加藤作内に言い含めたことから考えると、この時期すでに秀吉は別所の謀反を予期していた。そして、しばらくは別所の進退について取り合わなかったことがわかる。万一、別所謀反となれば当然一大事に至ることを承知していた秀吉は、但馬出石の有子山城主山名祐豊を調略して、さらには城崎郡鶴ヶ峰城主垣屋光成、気多郡轟城主で山名四天王の一人垣屋豊続等但馬の国人領主を味方に引き込もうとしていた。山名祐豊の調略は但州黄金、白金の花咲く朝来・養父二郡を安定して統地するためにも当然必要であった。

舎弟小一郎は青木勘兵衛一矩を山名本城の出石へ遣わした。翌十二月のことであろう。すでに山名四天王と言われた太田垣土佐守輝延は降伏し、舎弟小一郎に誼を通じていたので、青木勘兵衛は但馬守護山名祐豊並びに山名豊国（祐豊の甥、因幡守護）を説得・和議を申し入れた。山名相伝の出石郡、城崎郡、美含郡、二方郡の四郡を安堵する旨の舎弟小一郎の意向を伝えた。これは但馬を実質支配している気多郡の垣屋豊続、城崎郡鶴ヶ峰の垣屋光成等を味方に引き入れるためであった。翌年（天正六年）春になり、山名豊国が宮笥（土産）を持ち竹田に和を求めてきた。

一方、羽柴筑前守は佐用郡三ヶ月（兵庫県佐用郡佐用町三日月）に陣取って部署を定めた。十一月二十七日、佐用福岡野の福原主膳助就の居城を小寺官兵衛、竹中半兵衛等が取り詰め陥落させた（②『続・秀吉に備えよ!!―羽柴秀吉の中国攻め―』）。③『黒田家譜』によると、城主福原主膳は屈強の兵千余人を繰り出して官兵衛孝高の備えに突き懸って来た。福原主膳と主膳の弟伊王野土佐の二人を孝高の家人平塚藤蔵が鑓で突いたが、気が弱り目も眩んで首を取ることができなかった。竹森新二郎なる者が首をかき落とし、藤蔵が鑓を突けた敵なればとて首を藤蔵に遣ったという。首は秀吉の前へ召し出されて、平塚藤蔵並びに竹森新二郎は秀吉から当座の褒美をもらった。右の合戦の次第を聞いた信長は十二月五日付けで小寺官兵衛へ「去る月二十八日佐用表における働き振り具に聞いた。尤も神妙である。今後も戦功に励む事が専一である。猶羽柴筑前守からこの事を申し伝えさせる」（『黒田家譜』「孝高記」）という感状を出している。

続けて、上月の城攻めについて『黒田家譜』は「上月城堅固にして数日を経れども落ちず」とか、『信長公記』は「上月の城取巻き、攻められ候。七日目に城中の者、大将の頸を切り取り、持ち来たり候て……」と記すのみである。しかし十二月三日、上月城主赤松政範は自刃して果てた（『続・秀吉に備えよ‼―羽柴秀吉の中国攻め―』）。秀吉は上月城中の残党を引き出して備前・美作両国の境目に悉く磔にしたという（『信長公記』）。

『武功夜話』に「羽柴筑前守様佐用郡上月を取り抱え、この城を尼子助四郎、山中鹿之助の人数八百有余をもって在番を仰せ付けられ、夫々伝えの城に人数相固め、国府に帰陣候」とある（巻七「前野長康、金山堀の事、羽柴筑前守安土へ出立の事」）。上月城に尼子孫四郎、山中鹿介の八百有余の人数を以て在番させ、秀吉は姫路（国府）に帰陣した。

佐用郡上月城を取り抱えた後の師走（十二月）、秀吉は馬廻り衆六十有余人始め、鉄炮、足軽隊七十有余人の警護の人数を引き連れて上洛した。扈従（こじゅう）の筆頭浅野弥兵衛長政（秀吉室おねとは義姉弟）並びに杉原七郎左衛門家次（秀吉の正室おねの父の兄、伯父）が供をした。この度の上洛は安土に参上して新年の挨拶を申し上げるため、但州の土産銀十駄荷、進上の土産等駄馬二十八荷をもって姫路を出発した。安土に参上した秀吉は、信長に拝謁して播州のことは勿論のこと、備前・美作の国境の状勢に付いて詳しく進言した。その後信長はお茶席の指図をして、秀吉をいろいろ饗応したという。

三方城についての「参考資料」は、平成二十五年二月二十一日付けで、兵庫県養父市教育委員会社会教育課より提供されたものであります。ここに深謝申し上げます。

参考文献

①『山名』第五号、西尾孝昌「垣屋氏とその城郭」、編集発行 全国山名一族会・山名氏史料調査研究会、一九九九年

②『続・秀吉に備えよ!!—羽柴秀吉の中国攻め—』長浜市長浜城歴史博物館発行、サンライズ出版、二〇一四年

③『新訂黒田家譜』川添昭二・福岡古文書を読む会校訂、文献出版、一九八三年

五、播州三木の別所小三郎謀反（一五七八年、天正六年正月）

前年の天正五（一五七七）年十一月の佐用郡上月の城攻めに別所、小寺等の国人衆は参陣しなかった。播磨浦海上には、石山本願寺と与した西国毛利の軍船が出没して隙あれば播州を窺う状勢であった。別所小三郎から海手の備えが手薄のため付け城等を強固に備える必要の旨申し出があったところ、信長は別所、播州衆の意見尤もとして、敢えて意に介さなかった。

信長は天正四年七月大坂木津川口の海戦で毛利に敗退した。明けて天正五年、信長と石山本願寺との戦いが再開された。天正五年三月、紀州一向門徒が蜂起したため秀吉もこの紀州雑賀

攻めに参陣した。信長は鈴木孫一郎等から誓紙を取って紀州雑賀を一応平定したかに見えた。しかし、八月になると加賀門徒衆や越前門徒衆が再蜂起し、これに越後の上杉謙信が呼応した。石山本願寺に備えて在番していた秀吉等も加賀御幸塚（みゆきづか）出張となった。信長は摂津石山本願寺を包囲したものの、足利義昭を備後鞆に受け入れた毛利家の援助を得て、なお石山本願寺は勢力を維持し降参の様子は無かった。

この背景には信長包囲網が再構築されようとしていたのである。

佐々木哲氏の著書①『系譜伝承論―佐々木六角氏系図の研究』（四章　六角義堯の研究）によると、天正五年八月の信長による越前一向一揆攻撃から六角義堯（本願寺顕如の外戚）が旗色を鮮明にして、それまで築いていた六角・武田・上杉同盟をもとに第二次信長包囲網を構築した。六角義堯は天正四年五月に毛利輝元を味方につけ、同年十月初めには足利義昭を備後鞆（福山市鞆町）に下向させて鞆幕府を樹立した。詳しくは同書をお読みいただきたい。

一方播州では秀吉留守中、蜂須賀彦右衛門と竹中半兵衛は播州龍野で天正五（一五七七）年の冬を越した。但馬竹田に在番する前野将右衛門に宛てた天正六年正月晦日付竹中半兵衛の書付の写し（前野清助控え写し）がある（『武功夜話』巻七「前野長康に宛てたる竹中半兵衛の手紙の事」）。ここには播州表の様子並びに三木別所の怪しくなりつつある当時の動静が冷静に綴られている。

一、一筆啓上致します。厳寒の中、前野殿の書状を拝見仕り忝なく存じます。まずもって、年甫（年の始め）の御儀目出度き事にございます。（一字不詳、易）其元（前将殿）昨年十一月以来、軍旅多人数の中に起居する事御心労の事と深慮致しております。ところで、新春の改年の吉祥を申し上げるべく、（筑前様は）播州を出立して御上洛なさっています。御供の衆は旗本六十有余人と浅野弥兵衛（おねの義弟）殿、杉原七郎左衛門（杉原家次、おねの伯父）殿、神戸田半左衛門殿に申し付けられました。専ら国境を堅く守備すれば、異議はないところですが、備前の宇喜多の事をあれこれ気を遣っています。ついては但州の事ですが、西国毛利・吉川・小早川の三家衆が此隅山（このすみやま）城主山名祐豊を調略して毛利方の味方につければ、いささか難しい事態になります。十分油断なきようにしてください。播州表もまた同様で、佐用上月表では宇喜多が毛利とともに播州隙入りの風聞があります。三木別所処の国侍衆の動きが不審であります。それがし（竹半）と蜂須賀彦右衛門殿と別所処へ参り意見を申しましたところ、別所は首を左右に振り我等の意見を聞き入れません。御着の小寺藤兵衛処、神吉の神吉民部少輔処を駆け廻りましたが、何れも別所に同心の様子。城々に人数を詰め入れて、掘割、鹿垣を頑丈に拵えて容易ならざる雰囲気でした。筑前守秀吉様が不在中の出来事につき急いで安土に報告しています。右の如く、これまでの別所の進退の有様です。さような事で、先年佐用上月の城責めの部署を定めておきながら、今更後悔致しましても詮方ない事です。このままでは別所の異心の心の底は計れません。万一播州衆違乱に及ぶ事になれば、筑前守様の面目が無くなります。その上西国の毛利・吉川・小早川三家の軍勢が国境に攻め来たれば、前後に敵を迎えて落度を取る事は明白、別所に如何様に話しても取り合いません。兎角筑前様に別心、反覆の態度をとる次第、これは仕方がない事であります。自分の力不足重々恥じ入り申すところです。斯くなるうえは播州表に不首尾が起きて、今日までの但州の城々の守備、粉骨の働きがまったく無駄にならないように、但州表を急いで手を尽くすべく右の如く案じ入り書付いたした次第です。

一、播州別所等、また別所に同心した国人の輩の事、去年冬から信長公は彼らの身の振舞いを尤もとお思いになっている者どもです。信長公は播州の全ての事は筑前守様をもって織田の姫路目代（姫路城代）と申し付けなされております。これは西国毛利・吉川・小早川三家衆への備えを考慮しての事。いたずらに播州表騒乱になる事、先の石山門徒衆との和議不調の事も御考えのうえで、筑前様を目代と為し、播州表の国人衆を等閑にしないという命令をもって働いていましたが、官兵衛が差し出ヶ間敷く立ち居振舞いました事、今に至って仕方がない事です。右は御推量下さい。其れがし（竹半）が筑前様によくよく意見を申し上げました。すなわち欲心の栄誉について官兵衛は浅間敷く意外な程でした。官兵衛の口入れについて我等はどうにもならなく今日のありさまです。まこと播州の状勢厳しく成っています。峰小殿頓足切々です。其れがし（竹半）は存分に覚悟いたしています。

一、播州在番の人数六千有余人、荒木摂津守殿の人数三千有余を加え入れて万余の人数では覚束なく思っています。万木(よろずのき)皆敵の如くで、前途容易ならない状勢です。聞くところ、但州の山家衆は律義の武辺者と承っています。加え入れて、そのまま味方に先々も働くようにする事が大事と存知ます。

一、差し出がましい苦言どうぞ御許容ください。この頃当播州表怪しくなり来たりました。時期を見計らい、そちらへ参ってお会いして直接話をしなければと思います。ほんとうに恐れ入ります。まずは貴報を得て直ぐに新年の賀祥を申し上げるべきところ、このところ風邪気味で伏せっています。そのため筆を取る事が遅れてしまい、重々御容赦ください。右貴報への返答、御祝詞方々、斯くの如くにございます。

恐惶謹言

正月晦日　竹半兵衛　花押

前野将右衛門どの

人々へ

前野長康に宛てた正月晦日付竹中半兵衛の手紙にあるように、天正六年正月頃よりすでに三木別所、国侍衆は付け城、掘割、鹿垣を堅固に取り固めて人数を城中に備えさせた。蜂須賀小六と竹中半兵衛が三木別所を咎めるが、別所は内府信長公はよくよく承知されていることとして、峰小、竹半の意見を聞き入れなかった。蜂須賀内の細作の者によると別所はすでに堺表より鉄炮、玉薬を密かに運び入れていた。

また、先の前野長康に宛てた竹中半兵衛の手紙によると、前後に敵を迎えた播州在番の羽柴筑前守の人数は六千有余人、荒木摂津守の人数三千有余であった。竹中半兵衛は「万余の人数覚束なく存じ候。万木皆敵の如くに候、前途容易成らざるに候」と味方一万余の人数では頼りない。万の木も皆敵の如くに見えて前途は容易でないと嘆いている。

天正六年二月、早速但州竹田の舎弟羽柴小一郎と前野将右衛門は別所反覆の実情を確かめるべく播州龍野の蜂須賀処にやって来て、蜂須賀彦右衛門と竹中半兵衛と参会した。別所の目付けとして龍野に在城していた蜂須賀彦右衛門の報告がある。別所と国人衆の進退が明確に記されているので次に掲げる。

それがし（蜂小）が細作の者から聞き及ぶところ、三木の別所小三郎は元より、付け城の志方の城主櫛橋左京亮、神吉の城主神吉民部少輔、野口の城主長井四郎左衛門御着の城主小寺藤兵衛尉これ等の輩一連同心して、羽柴筑前様の不実（秀吉の真意は何処にあるか）を測り知れないと申したて、我等国人衆を欺こうとしている手立である。以前信長公が三好征伐の旗を揚げ大坂摂津に軍勢を出したが、実は五畿内を奪取するための方便であった。

播州をもって同様に他山の石としない。西国毛利退治という口実であるが、本当のところは羽柴筑前をして播州一国を奪取しようとする謀りごとである。信長が石山本願寺に和議を求めて、毛利と同心して和平を結ぶ事など元より本意でない事は明らかだと申し触れをおこなっている次第

（巻七「播州辰野において別所の事相談の事」）

蜂須賀彦右衛門は播州がこのような状勢であると述べ、「別所の反覆は明らかなり」として、上洛中の殿（秀吉）に即刻注進して、直ちに播州に帰陣し手立てすべきだと主張した。

参考文献

①『系譜伝承論―佐々木六角氏系図の研究』思文閣出版、二〇〇七年

六、秀吉播州へ帰陣、上月城救援（一五七六年、天正六年五月）

天正六（一五七六）年二月二十三日、秀吉は西国毛利との戦いのため江州領国内より新手三千有余人を引き連れ播州へ着陣した。加古川の賀須屋内膳所で毛利三家を討果たすべく軍議を開いた。終に別所は軍議に参加せず敵の色を顕した。別所に与力する者、その輩の人数凡そ二万有余が、東播州に烟（けむり）を揚げるに至り、秀吉は図らずも前後に敵を迎えることとなった。

三木別所の異変は速水勝太によって秀吉の口上と書札をもって、但州竹田の舎弟小一郎に伝えられた。竹田において前野将右衛門、宮部善祥坊、青木勘兵衛、加藤作内、木村一兵衛、宮田喜八郎の諸将が評議した。宮田喜八郎と木村一兵衛は次のように願いでた。

殿様危急の時なれば、某ども即刻駆け付け、別所楯籠る処の三木の城責めの御先手を承るべく候、何卒御許容あるべく願い出で候なり。
（巻七「天正戊寅春三月の但州表の事、羽柴筑前守播磨において苦境に立つ事、上月の事」）

しかし、舎弟小一郎は両名は忠義一途者なので困惑して、書面にある如く但州の在番衆は今までの如く、堅固に在番致すように指示した。

一方、秀吉は龍野在番の蜂須賀彦右衛門、竹中半兵衛、浅野弥兵衛等の意見で、直ちに全軍に命じて姫路近くの書写山の節所に拠って築塁、西国衆に隙ないように要害を構えた。『黒田家譜』によると、秀吉は小寺官兵衛の進言によって信長公の助勢を待ちながら、書写山を陣所と定めた。書写山には僧坊が多く、寺僧が蓄える兵糧米が沢山あったからだという。

『武功夜話』巻七「羽柴筑前守播州へ帰陣の事、羽柴筑前守の書状の写しの事、別所長治謀反の事」に記された舎弟小一郎に宛てた三月二十九日付筑前守秀吉の書状によると、「別条なく本日（三月二十九日）出馬する。かくなる上は丹波、但州の備え厳重にして播州表へ人数を出さず、但州表に陣取ることを頼む。別所の五ツの付け城、手強く立て籠っているので難しい、以上の旨安土に注進したので身続ぎの軍勢が着陣次第追って知らせる」とある。秀吉の覚悟の程がわかる。秀吉は三月二十九日出馬の時、すでに安土に援軍を要請していたのである。

秀吉出馬の月日については、①『黒田家譜』にも「三月廿九日より兵を出して三木の城をせむ。孝高を以て先手とす」（「孝高記」）と記される。

秀吉は先ず別所の付け城野口（加古川市野口町）の長井四郎左衛門を取詰めて降参させた。さらに近くの高砂の梶原平三兵衛、明石の明石左近（孝高生母の明石氏）は秀吉の味方に属した（『黒田家譜』）。

四月一日姫路城の端城、別所孫右衛門が籠城する別府表阿閇（あべ）の要害に、西国毛利衆と紀州雑賀衆並びに淡路の兵が一つになって、海上（船手）より押し寄せた。阿閇の城を攻略したうえで三木の別所勢を加えて、大軍勢で姫路を取り詰めて羽柴・小寺等と一戦に及び、勝負を決するという意図であった。殊に小寺官兵衛は精兵五百有余人を率いて阿閇の城に入り、敵を討ち取り敗退させた（『黒田家譜』）。この戦いで官兵衛の手柄を賞した小寺官兵衛宛て四月二日付羽柴筑前守感状と、小寺官兵衛の粉骨の働きを賞して羽柴筑前守宛てた四月四日付織田信長（黒印）感状が『黒田家譜』の「孝高記」に収録されている。西国毛利、石山本願寺並びに紀州雑賀一向門徒等が、播州姫路の近く、阿閇城の攻防に敗退したことにより、三木別所救援の目的は達成できなかった。ここで一先ず、秀吉は一難を乗り越えたと察するところである。

しかし、時を同じくして丹波、但馬に西国毛利方吉川元春の調略の手がのびていた。今年(天正六年)春、山名豊国は舎弟小一郎が在城する竹田に来て織田家との和睦を求めたばかりであった。但馬では出石有子山城主山名祐豊並びに山名豊国(祐豊の甥)等の調略にあたった青木勘兵衛の情報によると、毛利方は丹波八上城主(篠山市)波多野右衛門大夫秀治、気多郡鶴ヶ峰城主(または楽々前城とも、いずれも日高町)垣屋播磨守光成処に出入りして、山名祐豊等とともに毛利方に同心させたことが明らかになった。元より但州の諸侍衆は西国の毛利に加担していた者なので片時の油断もできない状勢にあった。播州三木別所の謀反は播州一国騒乱の兆しとともに、秀吉に与力していた但馬国人衆の進退までが測り難くなったため、舎弟小一郎は大変沈痛の様体となった(巻七「天正戊寅春三月の但州表の事、羽柴筑前守播磨において苦境に立つ事、上月責めの事」)。

一方、播州佐用郡上月でも四月になると毛利衆三万が国境に迫った。吉川元長(吉川元春嫡男)が播州佐用郡の陣中から地元の禅僧への返信として送った書状があるので紹介する。すなわち、(天正六年)五月晦日付以徹尊老宛黙然(吉川元長)自筆書状(②「吉川家文書別集」八二号)である。その書状によると(一部省略)、

一我々は佐用の山に四月十八日に陣取った、敵の陣取は四月四日です、

一老武者は、この方三万、敵は一萬の内かと申しています、

一当陣所は殊の外霧が深く、用心には悪いですが、景色は何ともいえずおかしいです、
一上月城は勝久、源太、鹿以下がいるそうです、水・兵糧は全くないと落人が確かに申しています、
一敵陣所には羽柴筑前守と荒木がいます、
一ところが、陣取ってからこの間に、（織田方の）勢州の滝川と佐久間両人から、羽柴筑前と荒木陣所へ次のような狂歌が寄せられたことをある方面から申し寄こしています、

その狂歌とは、

あら木弓はり満のかたへおしよせて
　いるもいら連春引もひかれす
（荒木弓　播磨（はりま）の潟（がた）へ　押し寄せて
　射るも射られず　引くも引かれず）

奈丹し於ふさよの朝霧たちこ毛り
　心不そくも志かやなく覧
（名にしおう　佐用（さよ）の朝霧　立ちこもり

心ぼそくも　鹿や鳴くらん）

五月四日、羽柴筑前守は荒木摂津守とともに本陣を上月城の東約三〜四キロメートルに位置する高倉山（佐用郡佐用町櫛田）に陣替えした（③「萩藩閥閲録」）。その総勢は一万弱であったことが知れる。

毛利方の吉川元春は大日山・大亀山（佐用郡佐用町）に居陣している。一万有余の人数をもって与力の宇喜多勢が熊見川（現佐用川）の右端に居陣した。元春は五千有余の人数を先陣として、上月城の真近まで押し寄せさせて厳重に構えた（『武功夜話』巻八）。

逐一、播州表から注進を受けていた但州竹田の舎弟小一郎は、兄人者（秀吉）の心中を慮り木村一兵衛、神戸田半左衛門、宮田喜八郎に人数五百を差し添え、佐用郡上月・高倉山の秀吉陣所に遣わした。小一郎は木村一兵衛に「但州の儀我等一命に替え相守るべき申す」旨言い含めた。注進は日を追って自然に味方不利と伝えてきて、「日夜の心痛限りなく候」と但州竹田にいた舎弟小一郎の心中が記されている（『武功夜話』巻七）。

一方の大坂では、石山方への和睦の使者荒木摂津守による石山本願寺開城がならなかったため、四月四日嫡男三位中将信忠を大将として三万有余の人数で石山を包囲した。石山方は南無阿弥陀仏の六字名号の白旗をもって織田方を仏敵と罵倒しながら攻め寄せて来た。信長は無闇の力攻めは無用と、諸砦厳重に固めて糧道を断つ作戦を取っていたところ、播州三木別所謀反、なお西国毛利衆東下の注進、そのため羽柴筑前守怪しくなり、加えて石山方次第に強勢になった。この注進を聞いた信長は作戦を変更した。『武功夜話』は、信長は心許なく感じたのか、戦闘はやみくもに二日二晩徹しておこなわれて、石山攻めは異常な程であったと記す。左にその様子を示す。

しからば、信長公は播州表の騒乱出来につき心許なくお思いになったのか、命令が下った。すなわち短兵急に（やみくもに）責め立てよとの命令なので、織田の諸勢は石山の諸口から井楼（やぐら）、竹束を組み上げて、突き立て突き立て喚き喚き責め立てので、石山城中の輩は手立てを尽くして防戦した。今度の石山責めは尋常で無かった。尾州・濃州・勢州・江州の諸勢は多年の憤を散らす如く、二日二晩を徹して、あちらこちらから城門を割り入り討ち取る首数は数千、四方の山河はまさに修羅地獄であった。石山方侍大将鈴木源左衛門重幸、志摩与四郎、雑賀孫一郎（鈴木孫一郎）等雑賀一党を悉く討ち取った。

（巻七「石山取巻き候の事、孫九郎尉覚え書相誌す処」）

四月二十二日、信長は安土に下ったが、また四月二十七日上洛して信長自身の播州出陣を家臣に告げた。しかし佐久間右衛門信盛、滝川左近将監一益、蜂屋兵庫頭頼隆、明智日向守光秀、丹羽五郎左衛門長秀等は先に播州へ出張して様子を見計ったうえで報告を申し上げるということで、信長の今直ぐの出馬を止めた（『信長公記』）。

五月一日信長は播州急変のため、大坂石山より三万の軍を返し、三位中将信忠を総大将として播州へ向けて出陣させた。付き従う面々は北畠信雄卿（信長二男、母は信忠と同じく生駒氏）、織田上野守信包（信長兄弟）、神戸三七信孝（信長三男、兄二人とは異腹の兄弟）、長岡兵部大輔藤孝（細川藤孝）等であった（『信長公記』）。

五月六日播州明石辺りに着陣した。先陣は別所の付け城神吉・志方・高砂に差し向かい、加古川で野陣を懸けた（『信長公記』）。

五月十三日、信長は自ら播州へ動座の旨仰せになったと『信長公記』に記されているが、大雨のため中止したようだ。

さて佐用郡上月では、羽柴勢六千有余人が上月郷まで進んだが、すでに毛利、宇喜多の中国勢が上月城を取り巻き、堀切、逆茂木（さかもぎ）（丸太等を逆さに組上げて敵の侵入を防ぐ）、鹿垣（ししがき）等を厳重に取り付けて一戦にならず、徒らに経過して長陣となっていた。上月城は熊見川（現佐用川）を前方にひかえて大変な要害の地にあったが、味方は城中に立て籠り防戦に余念なく、すでに三十日余が経過していたので、城中への糧道並びに水の手が断たれていた。六百有余もの尼子孫四郎・山中鹿介の手の者は敵の重囲いを掻い潜り、秀吉の高倉山陣所に注進に及んだが、吉川元春の先手に取り囲まれて如何んとも成り難く、到底上月城中に身続ぎの手立もなく、上月城中の飢餓は日を追って窮乏し敗色が濃くなっていた（『武功夜話』巻八）。

救援のための上方先陣滝川一益、明智光秀、丹羽長秀等が三ヶ月山（佐用郡佐用町三月日）に着陣した。三ヶ月山は秀吉本陣の高倉山からさらに東方に位置しており、上月からはかなり離れた所であった。この時の救援の諸将について『武功夜話』（巻八）に書き留められている。三ヶ月山に陣取った後詰の織田の宿老滝川・明智・丹羽は上月の成り行きを見合わせて兵を動かさなかった。秀吉に合力する様子なども無かった。彼等は羽柴筑前守の今度の落ち度を嘲笑するかの如くの態度であったという。さらに荒木摂津守四千の兵もまた動かずと記されており、毛利の将吉川元長の自筆書状にあった、織田方で作られた狂歌は的を突いている見事な歌であったと思う。

さて、救援の織田の宿老が協力しなかった理由について『武功夜話』は次のように語る。今年（天正六年）の正月の賀祥のため安土へ参上した時、秀吉は播州における格別の手柄を御歴々衆の前で信長から掌賛されて、大変面目を施した。ところが別所が反覆して、上方勢三万有余が秀吉救援のため繰入れとなり、播州は騒乱の巷と成ったことを御歴々衆は心好としなかった。妬みの心のためなのか人心測りがたしとしている。そして「斯くの如く不首尾と相成り候いては、万策相尽きたる如くに候」と腹背に敵を迎えた羽柴筑前守上月陣中における苦境の程が記されている（『武功夜話』巻八）。

参考文献

①『新訂黒田家譜』川添昭二・福岡古文書を読む会校訂、文献出版、一九八三年
②『大日本古文書』「吉川家文書別集」八二号・吉川元長自筆書状
③「萩藩閥閲録」「大日本史料」天正六年五月四日条、東大史料編纂所

七、竹中半兵衛備前宇喜多を調略（一五七八年、天正六年五月）

前野将右衛門に宛てた（天正六年）正月晦日付の書状に「備前の浮田の事些か気遣い候」とか「佐用上月表の浮田、毛利に親付きの風聞これあり」と記されていて、竹中半兵衛は備前宇喜多の進退について気に懸けていたことが伺い知れる。さらに、別所異心の心底計り難いが反覆は間違いないとも記されており、西国毛利・吉川・小早川の三家衆が播州国境に侵攻することになれば、自分達は前後に敵を迎えるという落ち度を招くは必定としている（巻七「前野長康に宛てたる竹中半兵衛の手紙の事」）。当然、蜂須賀彦右衛門も細作からの情報をもとに別所の反覆は明らかだから早く手立てをすべきだと考えていた。

一方で、竹中半兵衛は別所の反覆は心待ちに計っていたことだとも述べる。すなわち、

この度の別所の寝返りは兼ねてより心待ちに計略していたところですが、我ながら見るに堪えなく沈痛な心境です。配慮不足での失敗はどうしようもない。この上は前後の六万有余の敵の中にいる袋の中の鼠も同然です。播州の奪取が二年、三年先になるか、見通せない

状況であります。

（巻七「竹中半兵衛尉、但州竹田に罷り越し申し候の事」）

竹中半兵衛は、別所の反覆は当方が兼ねてより心待ちに計画していたところであったが、前後六万有余（あるいは五万有余とも）の敵中の袋中の鼠の如くとなり、まことに我ながら浅間しく沈痛の至りである。播州平定が二年、三年先になるかは自分でもわからないと語っている。

前野将右衛門に宛てた（天正六年）正月晦日付の書状にあるように、竹中半兵衛はすでに一月頃より備前宇喜多の進退に気遣っていた。すなわち備前宇喜多調略は苦境を脱出するために何よりも優先すべきことと考えていた。この一月頃にはすでに、半兵衛は播州の血縁や地理に詳しい小寺官兵衛と細作を多数配下に持つ蜂須賀彦右衛門に相談して諜報活動をおこない、宇喜多和泉守直家の情報収集を事前におこなっていたものと察する。

『武功夜話』は、万策尽きた半兵衛は蜂須賀彦右衛門と相談して備前の宇喜多調略のため備前八幡山の明石飛騨守景親を訪ねたと記している。すなわち竹中半兵衛は蜂須賀彦右衛門とともに、小寺官兵衛を道案内とさせて、備前赤坂郡八幡山へ出かけて城主明石飛騨守を味方に引き入れるべく話し合った。飛騨守の主宇喜多直家と、直家の弟七郎兵衛忠家が八幡山へ出向いてきた。そこで直家は竹中半兵衛の説得を受け入れて密かに羽柴筑前守に通じてきたという。この宇喜多直家同心により、備前の中道を塞ぐ手立てが成就したと『武功夜話』は記している

（巻七「竹中半兵衛尉、但州竹田に罷り越し申し候の事」）。

当時、毛利方諸勢は海上より播州に侵攻する海上路と北側の出雲を経由して播州へ乱入する山陰道があった。ここで中道と言われる備前経由の山陽道から西国毛利の侵入を塞いだことは半兵衛の素晴らしい戦略だったといえよう。

ここで注目すべきは『信長公記』巻十一（天正六年）五月二十四日条にも、竹中半兵衛が備前宇喜多直家内の八幡山城主明石飛騨守を調略して味方に付けたと報告のため信長に拝謁したと記されていることである。

竹中半兵衛申し上げます内容とは、備前宇喜多内の八幡山の城主が御味方する事になりました由申し越しておりますという事です。信長は大変満足なさって、秀吉方へ黄金百枚、竹中半兵衛に銀子百枚くだされた。半兵衛は忝い思いで播州へ帰りました。

右の備前宇喜多調略はまさに万策尽きた羽柴筑前守秀吉の危急を救わんために、竹中半兵衛が蜂須賀彦右衛門と相談しておこなった調略であった。

さて、官兵衛が道案内した八幡山城主明石飛騨守景親とは如何なる人物であったか。残念ながら不詳といわざるを得ない。『黒田家譜』によると、道案内をした小寺官兵衛の母は明石宗和の息女である（「孝高記」）。その明石宗和の子を仙恵といい、仙恵の子を明石左近という。

左近は豊臣秀吉公の時明石城主であったという。備前八幡山の城主明石景親は小寺官兵衛の母方明石氏の類縁の者であったかと推測するところである。『武功夜話』によると、秀吉の家来となった明石左近は通称名を与四郎と言い、諱（いみな）（実名）は元和と名乗ったようである（巻八「因州鹿野城責めの事」）。

実は、宇喜多を味方に入れたこの調略は、竹中半兵衛が御主（秀吉）に御咎めが後に及ぶことを恐れて、逐一安土表へも注進せずに、独断で備前宇喜多との交渉内容を決めた。しかし、秀吉はこれを気に入らず、機嫌斜めであったらしい。それは「実をもって御内府公疑いの筋もこれあり」と記され、秀吉が内府信長から宇喜多調略の件で疑われた節があったからだという。半兵衛は翌年（天正七年）六月播州平井山の陣中で卒したが、宇喜多調略を安土へ報告せずに独断でおこなったことは曲事（違法）であったとして亡くなるまで気に懸けていたという。

しかし前野将右衛門は、主秀吉が心労多くして心休まらない時、半兵衛が備前の宇喜多を調略して山陽道を断ち切り、毛利三家の鋭鋒の侵攻を塞ぐという策は賞するに言葉なしと高く評価した。

陣中の幕舎の将竹中半兵衛の智略は目覚ましい。主人筑前守秀吉が心労のため心穏やかならない時、真先に備前の宇喜多直家を味方に付けて、山陽道からの毛利三家の鋭峰の侵攻を断つという計策、これ以上の策は無く、まことに掌賛すべき言葉もない。

（巻八「竹中半兵衛、宇喜多を調略の事」）

八、羽柴筑前守但州竹田に落ちる（一五七八年、天正六年七月）

天正六（一五七八）年五月二十四日、竹中半兵衛は備前宇喜多直家を味方に引き入れたこと、但州有子山城主（兵庫県豊岡市出石町）の山名祐豊も同様に味方になったこと、この二つの調略を信長に拝謁して報告した。その後、秀吉も馬廻衆数十人を引き連れて密かに高倉山陣所（兵庫県佐用郡佐用町中島）を出て上洛した。『信長公記』にも、六月十六日羽柴筑前守が播州より上洛して信長に拝謁したことが記されている。秀吉は上月の城攻めが長引いている旨の落ち度をお詫び申し上げたが、信長は御機嫌斜めで取り合わなかった。

この時の秀吉の様子は『武功夜話』に「筑前守様は面目を失い、信長公から御命令も得られず帰播致しました」と秀吉の信用失墜と落胆ぶりが記されている（巻八「播州佐用郡上月城の取り合いの始末、尾頭甚右衛門申し語り候事、羽柴筑前守、播州より但馬竹田に落ち来る事」）。

信長はこれ以上長引く上月の城攻めは正しい策では無いということで、佐用郡上月より陣を引き払うよう秀吉に命じた。三木別所の付け城神吉（かんき）城、志方城へ押し寄せて攻め破り、そのうえで三木別所の本城を取り詰めて攻めよという命令であった。信長は直ちに大津伝十郎、水野九蔵、大塚又一郎、長谷川竹、矢部善七郎、菅谷九右衛門、万見千千代、祝弥三郎の八名の側近衆を播州三木別所攻めの目付けとして派遣した。

六月二十六日、三ヶ月山の後詰めの滝川左近将監、明智日向守、丹羽五郎左衛門等の人数と高倉山の羽柴筑前守と荒木摂津守の人数等を引き払い、姫路の書写山まで諸勢を返した。

遂に、秀吉は上月城の尼子孫四郎、山中鹿介等を止むを得ず見捨てることとなった。上月城は毛利勢の攻撃を支えきれずに七月五日落城した。尼子勝久は生害したが、山中幸盛は捕らえられて備中松山へ護送途中、備中高梁川の「阿井の渡し」(岡山県高梁市落合町)付近で殺害された(①『続・秀吉に備えよ!!―羽柴秀吉の中国攻め―』)。

六月二十七日、総勢一手となり、三位中将信忠・神戸三七信孝等が神吉城を取り囲んだ。志方城は北畠信雄が陣取った(『信長公記』)。

七月十五日夜から滝川左近将、丹羽五郎左衛門等が神吉の城へ攻め入り、翌十六日中の丸で城主神吉民部少輔を討ち取った。天主は焼かれ、大半の者は焼死した(『信長公記』)。

西の丸の攻め口は佐久間右衛門と荒木摂津守であった。西の丸には神吉民部少輔の伯父神吉藤大夫が立て籠っていたが、降参して詫言を言ってきたので、佐久間と荒木は神吉藤大夫を赦免した。藤大夫は志方城へ逃げ込んだ。まもなく志方城も落去したので羽柴筑前守が両城を請け取った。その後、別所小三郎が立て籠る三木本城へ取り懸り、付け城の要害を拵えて在陣した。八月十七日、三位中将信忠、北畠信雄等の上方勢は播州より馬を納め帰陣した。以上が『信長公記』に記される播州神吉城攻めの概略である。実は両城落去の時、羽柴筑前守は但州竹田に落ちていたのである。秀吉のこの時期の動向について『武功夜話』より詳述することとする。

秀吉は上月から軍を返してより、日夜心中晴れず鬱々としていた。蜂須賀彦右衛門と竹中半兵衛は秀吉に暫時但州竹田へ行くことを勧めた。これは竹中半兵衛に策あっての進言であった。その半兵衛の進言とは、

神吉の責め口は異議なく岐阜中将様に御譲りなされ、暫く但馬竹田にお越しになって、播州表の事は加藤作内光康によくよく申し含めて、万々軽々に差し出ず在番する様にお命じください。

（巻八「播州佐用郡上月城の取り合いの始末、尾頭甚右衛門申し語り候事、羽柴筑前守、播州より但馬竹田に落ち来る事」）

秀吉は主命により、播州佐用郡上月の城攻めを中止、高倉山から軍勢を返し姫路の近く書写山に陣替えしたのであったが、上月城に籠城する尼子孫四郎、山中鹿介を見捨て、上月を明けての敗退は「筑前守の心中如何ばかりに成る哉、察するに余りある次第」であったと尾頭甚右衛門が語った。秀吉は竹中半兵衛がお供して但州入りした。竹田城在番の舎弟小一郎と前野将右衛門は播州表上月のことを聞いた。二人は「今度の尼子見殺しの退陣を相聞くに及び嘆息限りなく候」と『武功夜話』は伝えている。二人の話を聞いて、秀吉は涙を禁じ得なかった。

斯くの如き次第に立ち至っては仕方がない事である。日夜悲嘆ばかりしても詮方ないので出かけて参った。但州表へ落ちてきたが各々方には良い思案はないかと筑前守秀吉は思わず涙を流された。

（巻八「播州佐用郡上月城の取り合いの始末、尾頭甚右衛門申し語り候事、羽柴筑前守、播州より但馬竹田に落ち来る事」）

秀吉の御供として但州竹田に来た竹中半兵衛は、播州表神吉、志方攻めの後の三木城攻めは長陣になることの見通しや、但馬の国は丹波攻めの後方の要の地となるので養父・朝来二郡は厳重に固めて置くこと、必ず殿（秀吉）の三木城攻めの時期到来となるので、此度の但州入りは今後の丹波攻めの手だてが目的だと語る。半兵衛が舎弟小一郎、前野将右衛門等に語った内容を左に掲げる。

竹中半兵衛殿申し語りました事、「織田の御歴々衆（滝川、明智、丹羽等の織田の宿老）が救援のため佐用三ヶ月に居陣しました。御歴々衆はそれがし等（竹半、蜂小等）の如く敵に調略などの工夫をしようとせず、殿（秀吉）に不都合の事をしてお力添えなさろうとしませんので、殿（秀吉）は面目を失っています。君辱められる時は臣は死ぬべしの喩えも御座います。羽柴御家中一同甚だ困苦致しております時節であるので、筑前様が但馬国竹田で直接話をしたいと出かけて来られました。それがし（竹半）よくよく考えて見ると、この度の神吉、志方責めの先手衆として筑前様を除きなされた事は御目付衆も御歴々衆も今日まで殿（秀吉）の巧名を心好とせず、日頃の僻事がつもっての処置であります。たとえ歴々衆が火水の如く烈しく神吉、志方両城を洛去させる事ができても、御敵城三木の本城は中々落城するものではありません。一遍に三木本城は落城させ難く、三木の城を取り囲み長陣となれば、大坂石山本願寺、紀州雑賀は未だ降伏してないので、播州は地理事情に詳しい殿（秀吉）の出番となるのは必定です。殿（秀吉）、今日但州に来られた真意は、何れ今後のため地続きの丹波の手立にあります。この春頃より、丹波八上（篠山市）の城主波多野右衛門大夫秀治の御退治のため、信長公は丹羽・明智・滝川の諸将を差し遣わしました。しかし丹波の地は名高い節所なので、攻め入りにくいところです。なお波多野一党の中、亀山（京都府亀岡市）の城主舎弟波多野遠江守、氷上郡船城（兵庫県丹波市）の城主波多野主殿助は手強い武者であります。従って地続きの但馬国は後方の要の争いの地であります。斯くなる上は出石の有子山の山名祐豊を御味方に加える事は、先々大事となります。養父、朝来両群の中はなるべく隅々まで出かけて行き領民を把握し、絶対に一揆の騒乱等は許される事なく、領内の民を治める事を等閑にされないように。今、殿様（秀吉）には危難が迫り、生きのびるか滅びるかの瀬戸際に立たされており、生来の志も遂げられず万事が空虚となる次第でもあります。そのため急いで竹田に出かけて来ました。何れ神吉、志方落城の後、三木の本城が長陣となれば、殿（秀吉）の御召しが必ずや御座いますと相察しております」。

（巻八「播州陣の事、竹中半兵衛申し語り候事」）

秀吉は生気が無く萎縮したように見えていたが、舎弟小一郎と前野将右衛門に久方振りに対面して手離しに喜びあい気力を取り戻した。そして半兵衛が言うように、今暫く但州竹田に留まり方々に出かけて、百姓、土民を安心させようと考えて、秀吉は「戊寅の文月盂蘭盆会」（天正六年七月の盂蘭盆会）は竹田で過ごした（巻八「播州陣の事、竹中半兵衛申し語り候事」、「竹中半兵衛の事」）。

秀吉がまさに但州竹田に逗留していた時、播州印南郡神吉、志方の両城が洛去した。先に記したとおり、神吉城は七月十六日に落去した（『信長公記』）。志方城は小寺氏の縁者櫛橋左京進が続けて降参して開城された（『黒田家譜』）。

その後三位中将信忠は三木本城攻めに取り懸ったのであるが、三木本城は堅固で厳しく守備されていたので、近くに付け城の要害を築いて、八月十七日中将信忠は播州三木より馬を納めて帰陣の途へ着いた（『信長公記』）。

この時、中将信忠から三木攻めを命じられた秀吉は陣所を三木本城の近く、川を隔てた平井山に新しく本陣を据えた。時は八月中頃であった。

『武功夜話』に次の如く記される。この記録も「五宗記」（前野将右衛門の書留）によるとして欠落も甚だしと注記されている。

筑前守様が但州の竹田に逗留していたところ、播州印南郡神吉、志方の両城の洛去につき中将信忠殿は美嚢郡三木責めのため諸将の部署をお定めに成りました。羽柴勢が右の神吉、志方の二城を受けとり、羽柴勢を後巻きとなされましたが、三木別所の本城は堅固であり短兵急（やにわ）に責め入り難いと中将様はお思いになり、尾張・美濃・伊勢の軍勢を返す事になりました。中将様はひとまず安土に御帰陣する事になり、手寄りの筑前様が三木の城責めへ働く様に申し付けられました。筑前様は取手を平井山に構えて陣所を拵え、御着陣は天正六年八月中頃の覚えでございます。

（巻八「播州神吉城責めの事」）

参考文献

①『続・秀吉に備えよ!!―羽柴秀吉の中国攻め―』長浜市長浜城歴史博物館発行、サンライズ出版、二〇一四年

九、播州三木平井山合戦（一五七九年、天正七年二月）

羽柴筑前守は別所小三郎、別所山城守等が立て籠る三木本城の出城平田山（三木市平田）取手に向かい、川を隔てた平井山なる所に取手を厳重に築き本陣とした。この平井山本陣（三木市平井）は石山が続き、本陣前方には志染川があり、その先に別所の本城があった（『武功夜話』）。平井山の秀吉本陣から志染川を越えた南は敵地であり、その西方に別所の三木本城を一望できたと考える。

但州竹田の羽柴小一郎の所に、内府信長から別所の本城三木を取り詰めるべく使者が到来した。天正六年九月十八日、羽柴小一郎を総大将として前野将右衛門、生駒甚助、藤堂与右衛門、木村一兵衛等人数一千二百有余で播州美嚢郡三木へ発向した。但馬衆の本陣は平井山本陣より南西に四町（四百有余メートル）ばかり離れた与呂木（三木市与呂木）なる所であった。但州竹田在番は宮部善祥坊、青木勘兵衛の三千有余人であった。

同年十月十一日、秀吉が摂津表に遣わした蜂須賀彦右衛門と稲田大炊介（蜂須賀党）が平井山陣所に帰った。羽柴小一郎と前野将右衛門は荒木摂津守の謀反は事実だと聞かされた。大矢田郷（大阪市西淀川区大和田付近）の芝山源内（監物、宗綱、利休七哲の一人）が蜂須賀彦右衛門に同道して播州平井山陣所に来た。前野将右衛門は源内とは茶の湯を通してすでに知り合いの間柄であった。すなわち『武功夜話』は「大矢田の源内なる人、前将殿昵懇の御仁体に候、宗易殿御茶道の傍輩衆に候。」（大和田の芝山源内なる人は前将殿と昵懇の間柄で、千宗易（利休）殿の御茶道の同輩であります。）と伝えている（巻八「大矢田の源内殿申し談じ候事」）。

荒木摂津守逆心のことについては『信長公記』十月二十一日条にある。信長は宮内卿法印（松井有閑）、明智日向守、万見千千代（せんちよ）等の側近衆を摂津在岡城に遣わし詰問したが、野心等な く無実であると御袋様を人質に進上した。しかし摂津守は在岡城に引き籠って城を出ずに謀反を構えたと記されるが、摂津守逆心の理由については触れられていない。

しかし、荒木摂津守は将軍足利義昭に味方していたのは明らかで、義昭は十一月二十四日付で吉川元春に御内書を発して、摂津国は悉く荒木に属したことを知らせるとともに、早速毛利輝元に出馬を要請をしている（①「吉川家文書」五〇三号）。

さて、荒木摂津守、信長に御手向かいとなれば、三木別所と通じた丹波八上（篠山市）の地頭波多野右衛門大夫秀治を始め、丹波氷上（ひかみ）郡船城（丹波市春日町）の波多野主殿助、同郡黒井（丹波市春日町）の赤井一党等が烟を揚げるのは必定と羽柴小一郎、前野将右衛門等は判断した。但馬では、出石の有子山城主山名祐豊、宵田城主（豊岡市日高町）垣屋越中守等は兼ねてより丹波亀山（現亀岡市）の波多野遠江守、丹波氷上郡船城（丹波市春日町）の波多野主殿助と通じていた。羽柴小一郎は即刻前野三大夫宗高等五人を竹田に遣わして、但州竹田在番の青木勘兵衛、宮部善祥坊に丹波境目の遠坂道と夜久野道の国境の防備を厳重にするよう伝えた（巻八「大矢田の源内殿申し談じ候事」）。

一方、天正六（一五七八）年十月五日、秀吉は播州平井山陣中において観月の宴を催していた。当夜の月は「秋天水の如く月色玲瓏たり。」（秋空は水の如く澄み、月の色も透きとおるように耀ていた）と叙述されている。播州平井山の茶会では、信長公より拝領の工御前の釜、掛軸は牧谿描くところの破墨月の絵が披露された。御茶頭は津田宗及で、「月松樹に懸り露気冷なり」（澄んだ月は松の樹に懸り、秋露で空気は冷たい）とある。

御茶道をつとめた津田宗及の自会記（②「天王寺屋会記」）をみると、宗及は同年九月三十日に上様（信長）と前関白近衛前久等と茶会を催した。自会記に記された宗及の次の茶会は十月二十四日となっているので、この間に播州三木の平井山で宗及は観月の茶会を催していたことは確かであろう。

この観月の宴には羽柴小一郎、浅野弥兵衛、蜂須賀彦右衛門、前野将右衛門、竹中半兵衛、馬廻りの加藤虎之助（清正）、福島市助（正則）、そして上席に羽柴於次丸（信長の四男、後の羽柴秀勝）、右大方三十有余名が参会し、陣中茶会は夜更けに至るまで催された（巻八「播州三木城責めの事」）。

ところで、別所三木の城攻めの布陣は遠周りの長囲いであった。付け城五か所と南方の加古川海手辺りまで厳重に取り構えて、諸将に部署を定め在番させた。海手の加古川川口、高砂浜、曽根、志方は浅野弥兵衛が二千有余の人数で固めた。これより、北の方は平田村、平井山本陣、与呂木陣所と厳重に三木本城を囲むという長囲いであった（巻八「同右」）。

これに対して明石郡明石の城は別所甚大夫が立て籠った。加古川郡本庄、魚住の海手に毛利水軍児玉蔵内助、手島等が軍船を浮かべ六百有余人が詰めていた。平井山より東方の丹生山に淡河弾正の人数二千有余が立て籠っていた。平井山本陣前の志染川から南方は敵地であった（巻八「同右」）。

天正六年十一月、荒木摂津守は石山本願寺と通じての謀反であり、安土より荒木謀反の注進が播州の秀吉陣所にもあった。秀吉は竹中半兵衛を伴っての上洛となり、暫時半兵衛は京で養生することとなった。八月中旬以来十一月に及ぶ、長い播州三木平井山陣中での竹中半兵衛は、風邪気味とのことで伏しがちであったからである。前野将右衛門が平井山陣所の仮屋に見舞に出かけた時の半兵衛の様子は、病気はなかなか平癒せず顔は蒼く憔悴していたが、声は常と変わらず、なお心は壮烈であったという。しかし前野将右衛門の書き留め「五宗記」に、病を得た仲間の半兵衛を見送る別離の情を案じる一筆がある。

羽柴小一郎様、前野将右衛門殿、蜂須賀彦右衛門殿馬上退き行く竹中半兵衛殿を見送る、別離の情を案じながら暗い涙が落ちる。再開の期またあるように養生なされと東西に袂を分かつ、気の合う人が病を得て京都に去ると憶うと十里先の戦場に赴くのも空しくなる

舎弟小一郎、前野将衛門、蜂須賀彦右衛門と竹中半兵衛との別離の情が胸にしみるところである。

一方、大坂木津浦では、今年（天正六年）七月より石山本願寺に対して糧道を断つため、毛利水軍に勝利した織田方九鬼水軍によって海上封鎖がおこなわれていた。そして十一月六日、再び西国の船六百艘と九鬼右馬允の六艘の大船と海上で船戦があった。九鬼は西国の大将軍と思しき船を大鉄炮で撃ちくずして、数百艘を木津川口上流へ追い込んで見物の者を感心させた（『信長公記』）。これにより石山本願寺は毛利氏からの兵糧等の運び入れの道は完全に断たれたと考えてよいだろう。

摂津の荒木摂津守が別所と通じて謀反、畿内・摂津表は騒乱となり、十一月九日信長が出馬した。信長は高槻の高山右近を調略により味方に付けて、十一月二十七日摂津国総持寺から古池田に着陣した（『信長公記』）。

信長の出馬と聞いて、羽柴筑前守と蜂須賀彦右衛門等は手勢三百有余人を率いて、十一月晦日総持寺の信長陣所を見舞った。

蜂須賀彦右衛門は陣所で、伊丹へも尼崎へも交通の要所である大矢田郷（西淀川区大和田）の安部二郎右衛門と芝山源内を味方に付けたことを報告した。先に述べたとおり彦右衛門と源内とは茶の湯を通じて昵懇の中であった。これで信長にとって摂津表の件は差し障りが無くなった。この時、彦右衛門は信長から長途参陣御苦労と言葉を賜わり播州へ帰陣している（巻八「荒木摂津守謀反の事、竹中半兵衛三木陣中に病む事」）。

『信長公記』も、大矢田の城主安部二右衛門と芝山源内が申し合わせて、信長に味方申し上げるべく古屋野の陣所に挨拶に来たとある。二人を味方に付けたのは、やはり蜂須賀彦右衛門の才覚と簡単に記している。

十二月一日の夜、蜂須賀彦右衛門の才覚で、両人（安部二右衛門、芝山源内）御礼に参りました所、（信長は）御満悦で二人に黄金二百両を下さった。

（巻十一「安部二右衛門御忠節の事」）

十二月二十一日、信長は古池田より京都に至り二十五日安土に帰陣した（『信長公記』）。とくに加えて、播州平井山陣所で越年した羽柴筑前守は三木本城を遠巻きに包囲していた。このため別所方との取り合いは羽柴古川高砂浜よりの糧道を断ち切って兵糧攻めに出ていた。このため別所方との取り合いは羽柴方からは仕掛けることはなかった。同じく天正六（一五七八）年の暮れは、但馬衆の舎弟小一郎、前野将右衛門、木村一兵衛等も播州三木の与呂木陣所で越年した。在陣の者は宿所の寒さ対策に追われた。

寒気も厳しくなり、播州与呂木陣所において越年できるよう、陣中それぞれに準備致しました。宿所の破れた個所は寒さを凌げるように、風除けのため葦草を刈り取り急いで囲いました。

（巻八「播州三木城責めの事」）

なお、年が改まっても「寒気退き難く北風粉雪を飛し天日なお暗く、櫓上の物見の者布子を具足の上より纏い寒威（筆者注、厳しい寒さの意味）凌ぎ候なり」と真にきびしい在陣であった（巻八「同右」）。

天正七（一五七九）年二月中ば、羽柴筑前守が播州平井山に本陣を構えて始めて、敵方が三木本城の城門を打ち開き、別所山城守、同小八郎が五千有余の人数を引具して押し出して来た。時刻は明け六ッ（午前六時）の頃合いであった。蜂須賀彦右衛門の物見の注進では、すでに夥しい人数が志染川を越えようと後方から続々と川岸に集まっていた。平井山本陣の人数は御馬廻衆、蜂須賀彦右衛門、神戸田半左衛門、一柳市助等一千二百有余と小勢であった。羽柴筑前守は物見の情報を得て次のように士卒を鼓舞した。

城方の敵は数倍の人数で攻め懸って来ても恐れるに足りない。我等はいく度も信長公に御供して戦ってきた。この戦いを考えるに、敵を十分に引き付け、兵を伏せて鉄炮を打ち懸けて討ち取ることに勝る戦法はない。無闇に騒ぎ立て多勢を迎え討つのは愚かだ。鉄炮足軽隊四百を伏せさせて堀尾と一柳とに申し伝えた。

（巻八「同右」）

そのところへ、別所山城の采配で武勇絶倫の侍輩どもが、本陣目指し黒煙を揚げ攻め駆けて来たところを、四百挺の鉄炮で十分に引きつけてどっと撃ち入れた。敵が不意に撃ち懸けられて、勢いがくじけたと見えたところを鑓を入れて突き崩した。討ち取る首級四百有余であった。戦いは午前九時から正午頃までおこなわれ、遂に叶わず別所山城守は城中へ引き退いた（巻八「同右」）。

一方、平井山本陣近くの与呂木陣所の舎弟小一郎は本陣卯辰（東南東）の方向の岩山の窪みに六百五十有余人の兵を置き待ち伏せた。向かい来る敵は別所小八郎、人数は一千有余であった。味方は六百有余の小勢で岩崖下で迎え討つ、さらに鉄炮二百挺筒先揃えてひっそりと待ち伏せた。待ち伏せの兵のあるのを知らず、別所小八郎が真先に馬を踊らせ、卯の花縅（おどし）の黄に返した草ずり（筆者注、上部の縅は白の草摺、裾よりの縅は黄色の草摺）を着用して、二間の柄の大身の鑓を小脇に抱え込み押し出してきたところを、十分に引き付けて鉄炮を三段に分けて遮二無二に撃ち出した。不意撃ちに敵が狼狽するところへ、前野将右衛門の手勢二百五十有余人、小高い丘より駆け降り猛虎の如くに敵の中軍を切り割り崩した。別所小八郎は陣を立て直すべく一先ず一町（百メートル余）ばかり引き退いた。小八郎はいまだ弱冠十六歳であったが、旗本八十騎ばかりで再び巻き返し攻めて来た。『武功夜話』は「天晴れなる武者振りに候」と語り残している（巻八「同右」）。

別所小八郎の天晴れなる武者振りに、征矢（合戦の一番矢）を入れた箙を腰に巻き、裾は真黄色の草摺に、大鎧を着用した八幡太郎源義家や鎌倉武士の面影を見るのは筆者だけであろうか。まことに天晴れな若武者であったことが想像される。

この合戦について、③『別所長治記』には「平山合戦」として記されているので概略を左に記して置く。

天正七（一五七九）年二月五日朝から軍議評定がおこなわれた。合戦は明けて二月六日卯の刻（午前六時頃）から、先手の大将別所山城守、侍大将別所左近、小野権左衛門、櫛橋弥五三等二千五百余騎が一手になり押し出した。後陣は別所小八郎を大将として侍大将別所甚大夫、同三太夫、光枝小太郎、同道碩等武勇の者七百余騎いさみに勇み押し出した。遂に大将別所小八郎は樋口太郎という武者に討たれた。この日、三木別所勢は侍三十五人、上下の軍卒七百八十余人討死したと記される。

参考文献

①『大日本古文書』「吉川家文書」五〇三号・足利義昭御内書
②編集代表者 千宗室『茶道古典全集』第七巻、「天王寺屋会記」解説編 下巻、「宗及茶湯日記 自会記」（自天正六年至同十年自会記）、淡交社、一九七一年
③『別所長治記』監修 中村孝也・宝月圭吾・緒豊田武・北島正元、校注 桑田忠親、戦国史料

叢書、人物往来社、一九六五年

十、竹中半兵衛陣中に卒去のこと（一五七九年、天正七年六月）

天正七（一五七九）年五月、羽柴小一郎等は丹波国何鹿郡綾部の城、天田郡福知山の城、氷上郡黒井（丹波市春日町）の城々を攻め取るべく、丹州竹田より出陣した。福知山と綾部は丹波入りして七日間の内に開城させて取り抱えた。五月二十日には、氷上郡黒井城と同郡船越（何れも丹波市春日町）の波多野館（城主は波多野主殿助）も開城させた。

天正七（一五七九）年七月二十三日、惟任日向守（明智光秀）が丹波福地山を請け取る。日向守とともに福知山に同道していたのは、長岡藤孝と嫡子与一郎（細川忠興）であった。播州表の羽柴筑前守から使者が来て、何鹿郡、天田郡、氷上郡を明智日向守に引き渡すべく信長からの命令が羽柴小一郎に伝えられた。これより舎弟小一郎、前野将右衛門等は但州竹田に帰陣、同年八月一日播州平井山陣所に帰った（巻八「前野将右衛門尉福知山において、惟任日向守殿に仕置の儀請け渡し候事」）。

一方、羽柴小一郎御内で、ともに丹波表に従軍していた桑山修理亮（重晴）、一柳市助（直末）、木村一兵衛（重茲）、杉原孫兵衛（家定）等人数五百六十有余人も但州竹田へ帰陣した。天正七年七月末であった（巻八「丹波表より但馬へ帰陣衆の覚えの事」）。

八月一日、播州三木の平井山陣所に帰った前野将右衛門は竹中半兵衛が死去したことを直接知らされた。半兵衛が卒する四日前に、前野将右衛門に宛てた六月九日付の手紙が丹波在陣中の前野将右衛門の手元に届いたのは六月末であった。手紙は加藤備中が播州平井山陣所から秀吉の手紙と一緒に持参したのである。その時加藤備中は半兵衛の病状を口頭で前将等に伝えている。加藤備中が語った半兵衛の消息を左に掲げる。

竹中半兵衛殿、久しく洛中で病気の療養をされていたところ、なかなか病気平癒が覚束ない状態でありました。そのようなところ、摂津の荒木が信長公に逆心致してより摂州表は中々厳しい情勢。加えて播州表では別所衆と西国毛利の水軍が軍船を浮かべて隙あればと窺っているので、筑前守様は御手塞ぎの状態です。毛利三家衆が軍勢を押し出してきたら一大事となり、兼ねて備前八幡山の明石飛騨守を味方に付けた事も水の泡となりかねません。半兵衛はこの一命を顧みず、病を侵して播州平井山の御陣に参陣されました。その後在家の一庵にて養生されて居りましたところ、病状が急に悪化して半兵衛の命は今朝か、今夕かに迫っている程ですと申し語りました。

（巻八「加藤備中、丹波の前野長康に竹中半兵衛の病状を伝える事」）

竹中半兵衛は昨年（天正六年）十一月、秀吉同伴して療養のため上洛していたが、明けて天正七（一五七九）年春、播州平井山に帰った。『武功夜話』には「去年の霜月に一別以来百有余日参陣に候なり」（巻八「荒木摂津守謀反の事、竹中半兵衛三木陣中に病む事」）とあるので、帰播は二月あたりではないかと考える。

ここに、播州平井山陣中でかねてから病気療養中であった竹中半兵衛が、丹波陣中の前野将右衛門長康にあてた遺筆の一書の写しを『武功夜話』から掲載する。

一筆啓上いたします。天候が曇りや晴れで定まらず、霖雨が続くばかりです。其元（前野将右衛門）はますますの御活躍振りと伺っております。それがし（竹中半兵衛）が療養のため暫時滞留していた京より三木平井山に帰陣以来、病魔は身体のなかにも及び、如何とも為し難く困っております。主の筑前守様の御役にも立たず臥せりがちですが、手足は健常で歩行には別条ありません。今日の食を馬中で摂る加藤備中守殿は、午前六時頃三木平井山から丹波陣中への軍旅の途に着いた事を聞きました。呼吸を調えて、紙筆を運びます。身体から病魔が去って、これまでと違った衣を纏う自分のようです。恨みも楽しみも無く、只在るものは茅屋（茅葺きの家）をうつ雨の声に聴きいると、心は寂しく、死の世界が満ち、地を駆けるが如くに覚えます。一刀を捨て一杖に替えた自分は仏門に入った風体です。我の目前は茫々として暗く、指呼の中（あの世が呼べば答える近さ）に在るは、山水が自ずから声をあげて人語りする如くです。一人白雲に乗って遊ぶ如くです。浮雲は欲心はありません。ましてや高名を望むものでもありません。草葉の一露凍って天空に相違し、乱雲明るい日を覆い隠す、忽ちにして車軸を流し、夕立ちが過ぎれば、青空を拭うが如く天日輝き、万物を育むところとなります。今は乱世、未だ畿内は治まらず、いまだなお相州の北条、山陰山陽の西国毛利、九州に大友、四国に長曽我部の四強がそれぞれ構えて譲らず、ために前途は暗い。我湖北の坂田郡長亭軒の閑居を払って、平天下道の志を得たりといえども、病の床に座したり起きたりであるので、雨滴は空しく感じ、体力は無くなります。徒に憶いを馳せると武辺道は拙く不甲斐無い限りです。これに引き替え貴辺（前野将右衛門）の御手柄はたびたびであります。差し出がましい苦言でありましょうか。烏将に死なんとしています、その声云々という喩えがあります。その烏（竹中半兵衛の事）の声に耳を傾ける事をひたすら願って居ります。勝利のみ幸いばかりではありません。猛勢は覇をなす者（信長の事）となり易いです。覇王の座は保ち難い事です。良材があるのを知らず林の中に入り材木を求める如くです。丹波国は速やかに陣を退くべきです。すなわち、これ上策と心得ます。御主筑前守様が心配されている事です。武辺の巧名は競わず、明日は安らか成らん事を乞い願います。まずは一書を奉るも、私の気持ちが乱れて斯くの如くであります。

頓首

六月九日　　竹中半兵衛

前野将右衛門どのへ

（巻七「前野長康に宛てたる、竹中半兵衛の手紙の事」）

秀吉は洛中（京都）より帰陣した半兵衛の志を察し、その身を気遣っていた。しかし、竹中半兵衛重治は遂に平井山陣中に条然として世を去り、天涯黄泉（てんがいよみ）の不帰の客となった。

『武功夜話』は次のように記している。

羽柴筑前守秀吉様は半兵衛殿が病中ながら忠臣として守るべき節義を尽くさんがための心に感心なされ、陣中での生活は差し障りがあろうと気遣って、平井山本陣下の村の民家に半兵衛を案内なされた。御世話がかりの舎弟久作殿によくよく言い含めなされて、半兵衛殿の養生、病の手当てにあたらせて居りました。その時前野将右衛門殿は丹波福知山在番でありましたので再会の機会が無いまま、平井山の下の伏屋で病状が進み、食事等も摂れなくなり、次第に衰弱し、遂に歩行も出来なくなりました。条然として黄泉の不帰の客と相なりました。半兵衛殿が平井山下で客死の知らせが丹波福知山に達したのは七月十三日の事でありました。

（巻八「荒木摂津守謀反の事、竹中半兵衛三木陣中に病む事」）

さらに『武功夜話』に、

竹中半兵衛陣中に卒す。齢三十六歳なり。

（巻八「竹中半兵衛、陣中に卒去の事」）

とある。木下藤吉郎創業の頃、二十六歳の竹中半兵衛は布衣を具足に替えて、江州坂田郡長亭軒の茅屋を出て藤吉郎の旗下に参じた。時に元亀元（一五七〇）年六月中旬、江・濃国境の長亭軒に菜の花が咲き乱れる頃であった。以来十年、蜂須賀彦右衛門、前野将右衛門とは共に水魚の交わりであった（巻八「同右」）。

また『黒田家譜』によると「六月十三日、竹中半兵衛重治播州三木の向城平山の陣所にて病死す、年三十六、此人知略武勇あり、信長公に仕えて秀吉の先備えとなる。秀吉甚其死をいたミ惜ミ給ふ。」とある（「孝高記」）。

十一、播州三木落去と別所一族切腹のこと（一五八〇年、天正八年正月）

天正八（一五八〇）年正月明けての七草過ぎ、羽柴筑前守下知にて戦闘がおこなわれた。敵の別所山城守は出城の鷹の尾取手を固めていた。鷹の尾取手は三木別所本城の北方、現在の金剛寺（三木市大村）辺りかと推測する。先陣浅野弥兵衛、前野将右衛門、蜂須賀彦右衛門、加藤作内等の足軽、鉄炮隊はこの鷹の尾砦を攻め取り、羽柴勢は鷹の尾山の山麓まで陣所を進めて居陣した。ここに至り別所の城について「三木城咫尺の間に迫り候なり」（三木城とは真近い距離に迫った）と『武功夜話』は記している。

浅野弥兵衛、前野将右衛門、蜂須賀彦右衛門の諸勢は別所本城の大手を打ち破り本丸まで押し入った。前将に同道した前野清助の申し語るところによると、三木城の取り詰めはあらまし次のようであった。

前野将右衛門、浅野弥兵衛、蜂須賀彦右衛門が二の丸まで押し入り、門前に陣取った。別所類縁の別所孫右衛門が城中の士卒の命を何とぞ御助けあるべく行を切々と嘆願して、次のように語った。

それがし（孫右衛門）は羽柴筑前守様の入播以来、御三人衆とともども筑前守様には変わった事柄はない旨再三申して参りましたが、別所山城守は聞き入れず、敵となり手向かっています。山城守はそれがし（孫右衛門）を不忠者と申しております。以来、それがし（孫右衛門）は筑前守様の御意向もあり、御着の小寺藤兵衛の家人、小寺官兵衛殿の嫡子松壽丸に我が娘を見合わせて、末代まで異心を抱かない旨、娘を質子として差し出しました。この事は小三郎殿も納得の事です。しかし孫右衛門の兄山城守一人納得せず、兄弟不和となった元です。

そのため、孫右衛門は城中に入ることができず、別所小三郎の家来小森与左衛門なる者を呼び出して、かくなる上は仕方ないこと、前年の荒木摂津守惨劇の見せしめもある。家来どもを不憫と思われるならば、武門の面目を立てて、心置きなく切腹なされと小森に然るべく申し伝えた。城へ帰った小森与左衛門が右の口上の趣旨を別所小三郎に伝えたところ、別所山城守のみ一人承服しなかった。

小森与左衛門が城中より白扇一張を携え来たりて、

家来どもの・命をお助け下さるとの仰せを受け給わり、我が意を替えました。勝負は武門の家の常であります。三人の一命に代えて、我等の願望を受け入れてくだされば、腹を切り開城する事にします。今日に至り何んぞ百歳の長寿を望もうや、切腹を承知した旨羽柴筑前守様に御披露を乞い願います。

小森与左衛門が主別所小三郎の返答を口上をもって伝えたのは、天正八(一五八〇)年正月十五日酉五ツ剋(午後八時)のことであった。前野将右衛門に同道した御書き役、前野清助が語るところによると、別所小三郎の白扇一張に墨付もこれなく、小森与左衛門ただただ口上のみ申し伝えたと『武功夜話』は記している。

しかし『信長公記』は、孫右衛門が城内から小森与三左衛門を呼び出して小三郎・山城・彦進三人の方へ書状を遣わして尋常に腹を切るよう申し遣わしたと記す。

明けて正月十七日、小森与左衛門より別所小三郎を始め同舎弟彦之進、三宅肥前入道の三人の者切腹して相果てたと注進があった。秀吉は城請け取りの役を浅野弥兵衛、前野将右衛門、蜂須賀彦右衛門の三人衆に命じた。

城の請け取り方が入城したところ、足の踏む所が無かったという。城中の光景は次の如く綴られている（『武功夜話』巻八）。

> 播州八郡の名族、赤松氏後胤三木別所その跡を断つ、刀・鑓は折れ、月の光松間を照らす、樽酒三荷に武辺の思いやりを見る、哀しい別れの離苦を憶えば、武者等しく涙せざる者は無し、

そして、城中の士卒は幽霊の様体であったという。草の根、木の皮を食したため城内に青草は無かった。顔の肉は落ち、問いかけにも声が衰えて答える者が無かった。身に襤褸を纏い具足の袖はちぎれ、胴の草摺は破れて、具足の胴のみ着けていた。杖をたよりに歩く者、あるいは歩けず伏している者、これ武者の果てなのか、三々五々連れだって落ちて行った。

小森与左衛門、別所孫右衛門が先立ち案内のもと、三人衆が本丸に入り検分を見届けたのは天正庚辰（八年）正月十七日暮れ方六ッ刻（午後六時頃）であった。これは前野将右衛門に

随っていた前野清助の墨付（記録）である。

一、別所小三郎、首一ッ　廿三歳
一、別所彦之進、首一ッ　廿一歳
一、別所山城守、首一ッ　五拾二歳
一、女房　　　　軀三個
一、肥前入道　　軀一個
一、男子童　　　同三個
一、女子童　　　同一個
以上

別所小三郎長治、同舎弟彦之進友之見事に十文字に腹割さばき、三宅肥前入道が介錯。肥前入道も御主の後を追い腹十文字に割さばき果てた。御主小三郎に御供した者は肥前入道ただ一人のみ、見上げたる名誉の御仁であると評されている。別所山城守は別所孫右衛門の舎兄で、羽柴筑前守の開城の趣旨に承服せず頑固に拒んだため、最後に別所の家人が討ち取ったと小森与左衛門が語った。

ところが、『信長公記』は別所小三郎、正月十七日申刻（午後四時頃）子供・女房を殺してから腹を切り、同彦之進も同じ如くであった。三宅肥前入道が介錯したとある。そして「小三郎歳廿六、彦進歳廿五」としている。

次に別所一族の辞世の歌について記す。

先ず「別所小三郎儀一心覚悟をもって尋常に腹切り候」と記述があり、別所小三郎は一心に集中して覚悟をもって見事に腹を切ったことが窺える。小森与左衛門が差し出した短冊に辞世の歌が詠まれていた（『武功夜話』巻八）。

一、別所小三郎最後に詠みたる歌
以まはたゞうらみもな志やもろびと乃
い乃ちにかはる我が身と於もへば
（いまはただうらみもなしやもろびとの
命にかわる我が身とおもえば）
別所小三郎長治　亨年廿三歳

一、別所小三郎女房のよみたる歌
もろと茂にはつる身こそはうれし希れ
をくれ先だつならひなるよに
（もろともに果つる身こそはうれしけれ

おくれ先だつならいなる世に）

天正八（一五八〇）年正月十八日、巳上刻（午前九時頃）御大将羽柴筑前守入城。前野将右衛門、前野清助（御書き役）等は前日（十七日）から、夥しい馬の体、士卒の亡き骸を取り片づけ、城の西の曲輪に大きい穴を掘り手厚く葬った。別所小三郎、同彦之進、山城守の首を秀吉が首実検した後、桶に納め塩付けにして安土の信長のもとに届けられた。小森与左衛門と別所孫右衛門が亡骸を引き取り僧侶を招いて供養した。その後別所孫右衛門と小森与左衛門は前野将右衛門付きとなった。

第四章　鳥取城の戦い

一、羽柴小一郎但馬国征服（一五八〇年、天正八年五月）

但馬国のこれまでの状勢について概略を記す。

永禄十二（一五六九）年八月、毛利氏の要請を受けて、信長は羽柴藤吉郎秀吉、坂井右近政尚に五畿内衆二万有余の人数で但馬を攻略した。この時山名の本城此隅山城を始め、十八の諸城が陥落した。但馬守護此隅山城主山名右衛門督祐豊は泉州堺に出奔した。しかし、信長の御用商人の斡旋で同年冬に帰国した（①『山名』第二号）。天正二年頃、帰国した山名祐豊は出石の有子山に新しく本城を築いたといわれる（②『山名』第四号）。

その後、天正五（一五七七）年十一月、秀吉は舎弟小一郎を派遣して但州朝来郡、養父郡の二郡を制圧した。しかし、当時但馬国では、出石有子山城に但馬守護山名祐豊、気田郡郡鶴ヶ峰城（楽々前城主、豊岡市日高町）に本家垣屋播磨守光成・同隠岐守恒総父子、分家宵田城主（豊岡市日高町宵田）垣屋越中守家、そして日本海々岸部の美含郡轟（とどろき）城（豊岡市竹野町）に分家垣屋駿河守豊続の垣屋一族が勢力を保持していた（③『山名』第五号）。

この度の但馬討入は出石有子山城主山名祐豊を攻めるためであった。ここに、天正八（一五八〇）年四月初めの但馬討入の陣立てを『武功夜話』から転載して左に記す。

一、但馬乱入に付き別所家人相抱え候人数、三百有余人惣勢子八百有余の人数をもって但州入り候なり

一、総大将、羽柴小一郎、加藤作内を加えて総勢三千五百有余人

一、宮部善祥坊、この人数五百有余人

一、前野将右衛門、この人数八百有余人、内別所孫右衛門加入れ、元別所の家人百七十有余人

一、青木勘兵衛、これは但州在番、一千三百有余人

一、堀尾茂助、この人数百三十人

一、藤堂与右衛門、この人数百五十有余人

一、山内猪右衛門、この人数九十有余人右但州討入り惣勢子六千四百有余人これあり

（巻八「但馬再度責め入りの事」）

その出石有子山城（豊岡市出石）に守護代垣屋恒総と同垣屋豊続が固めていた。しかし有子

山では一戦も交えず、気多郡、美方郡へ退散して手向かった。気多郡内国分寺（豊岡市日高町）の城主大坪又四郎、同宮井（同日高町宮井）の城主篠部伊賀守、同伊福（同日高町鶴岡）の城主下津屋伯耆守等と寄り合って、その数一千五百有余人の人数で布陣した。羽柴方先陣は宮部善祥坊の手勢五百有余、藤堂与右衛門二百有余人がこれに続き、敵の先手林甫（美方郡香美町香住）の城主、猛勇聞こえ高き長越前守と討ち合いとなった。気田郡水生（豊岡市日高町上石）の城主西村豊後守も善戦した。結局、垣屋の軍勢は切り崩されて宮部善祥坊に降参した（巻八「羽柴秀長、但馬給地の事、但馬陣始末の事」）。

天正八（一五八〇）年五月三日、羽柴小一郎が但州出石郡有子山に入城した。但州について『武功夜話』に、但馬国は新田義重嫡男山名義範より八代時氏の古来より、足利幕府下日本全国六十六ヶ国のうち守護分国が六分の一を越えた。時氏より四代山名右衛門督持豊（号宗全）が但馬守護たる処であったと記される（巻八「但州出石郡子盗山城主、山名祐豊取詰めの事」）。このように但馬山名氏は、当時日本全国六十六ヶ国のうち六分の一を越えたことから、世に「六分の一家衆」と言われた有力守護大名であった（④『山名』第二号）。

その但馬国養父郡、朝来郡、出石郡、城崎郡、七美郡、気多郡、美含郡の但馬七郡を羽柴小一郎が給わった。美方郡二万石は宮部善祥坊の給地となった。ここに羽柴小一郎は山名氏に代わり但馬一国を支配することになった。舎弟小一郎に御供して忠勤に励む面々は、前野将衛門、青木勘兵衛、宮部善祥坊、梁田左衛門、藤堂与右衛門、山内猪右衛門、加藤作内、但馬衆太田垣土佐守、三方左馬介等であった（巻八「羽柴秀長、但馬給地の事、但馬陣始末の事」）。

さて、ここで大将羽柴小一郎の人柄について『武功夜話』の記述を引用して少しばかり記すこととする。

舎弟小一郎は諸将を出石有子山に集めて、「自ら御酌候いて御酒を下され、今日までの辛苦を犒（ねぎら）い候なり。諸将盃を重ねるに及び談笑の声盛んに候なり。」と伝えられており、舎弟小一郎は自ら酒を注いで家来の心労をねぎらった温情ある人であった。さらに、「礼厚く義を重んずるために悦服せざる人なし。しからば今日の大巧すべて人仁（にんじん）の所以（ゆえん）に候なり」とあり、礼厚くして仁儀を重んずるので心服しない人は無く、今日の成功は小一郎の天与の仁徳（じんとく）によるものであると評している。（巻八「同右」）。

参考文献

①『山名』第二号、山名章「垣屋三武将　武者絵掛軸について」、編集発行 全国山名一族会・山名氏史料調査研究会、一九九六年

②『山名』第四号、西尾孝昌「九日市城・此隅山城・有子山城」、同右、一九九八年

③『山名』第五号、西尾孝昌「垣屋氏とその城郭」、同右、一九九九年

④『山名』第二号、太田順三「山名氏の光と影―山名宗全について―」、同右、一九九六年

二、因州鹿野城攻め（一五八〇年、天正八年六月）
――秀吉因州六郡で新米の買い取り――

天正八（一五八〇）年五月三日、羽柴小一郎は但馬守護有子山城主山名右衛門督祐豊を倒して有子山に入城した。舎弟小一郎の元に秀吉から因幡国鳥取城主の山名中務大輔豊国（祐豊甥）退治のため因州討入の命令が届いた。

因州鳥取の城主山名豊国は、去る天正六（一五七八）年七月、但州竹田で青木勘兵衛の案内で秀吉に拝謁して旧地を安堵されていた。しかし、秀吉に与していた豊国は天正七年になると寝返って毛利氏の旗下に入った。

『武功夜話』（巻八「因州鹿野城責めの事」）に、山名豊国について次のように記されている。

> 元来この山名豊国という人は意思が弱く、その家は名だたる弓箭（武門の意）の家であるが、山名の家門にも似ず、風になびく柏葉の如く、ある時は織田に誼を通じ、ある時はまた毛利に誼を見せる。いたずらに躊躇して勇断なき御人であります。但馬国は足利幕下山名宗全（持豊）公の守護たる本貫の土地でありましたが、譜代の家人どもは大方羽柴小一郎殿の旗下に参集して、山名往年の勢いの色合いは無くなっています。

従って、この度の因州討入は豊国の居城鳥取の城に構わず、毛利氏吉川の付け城である鹿野城を攻め取るという命令であった。この時、秀吉にも出陣の沙汰が信長から出ていた。

先ず先陣の大将羽柴小一郎が、天正八年五月出石有子山城を発向して因州討入をした陣立てと経路を記述する。

『武功夜話』巻八「因州鹿野城責めの事」からその陣立ては次の如くである。

一、先手宮部善祥坊、垣屋駿河守
一、中備、前野将右衛門尉、別所孫右衛門
一、大将、羽柴小一郎
羽柴小一郎内堀尾茂助、桑山修理、匇田六蔵、藤堂与右衛門、加藤備中、神戸田半左衛門
一、後備、
青木勘兵衛
山内猪右衛門
明石与四郎

右の如く因州鹿野の城攻めの陣立ては、羽柴小一郎を大将として惣勢八千有余人であった。

この大軍は美方郡湯村（美方郡新温泉町湯）、千谷（同新温泉町千谷）、石橋（同新温泉町石

橋）より因州と但州の国境、加茂峠（岩美郡岩美町蒲生）を越えて銀山道（同郡岩美町銀山）に打ち出でた。すなわち出石有子山城を出陣した羽柴小一郎の但馬衆は一端養父郡内に入り、現在の国道九号線に沿う山陰道を通り、鳥取県岩美郡岩美町蒲生へ出て、蒲生川に沿う山陰道をさらに進んだ。その後、福部辺り（鳥取市福部町）で山陰道を逸れて百谷（鳥取市百谷）を経て、国安（鳥取市国安）から鹿野道へ押し出した。先手の宮部善祥坊は浜手より因州岩井郡浦住（現岩美郡岩美町浦富）へ討ち出した。

一方、天正八（一五八〇）年四月、播州宍粟郡に宇野民部大輔祐清が立て籠っていた。五月九日姫路の羽柴筑前守の先手蜂須賀彦右衛門（正勝）、蜂須賀小六（家政、彦右衛門の嫡子）、加藤作内（光康）、木下平太夫（荒木重堅）等が高山節所に立て籠る宇野民部の親宇野政頼始め民部の居城に攻め懸り、翌五月十日に宇野民部一統を討ち取った（①「長宗我部宮内少輔宛六月十九日付羽柴藤吉郎秀吉書状」）。その後、先手蜂須賀彦右衛門隊三千有余人は但馬口の「ひよの山越え」（筆者注、氷ノ山越え）で因州八東郡（現八頭郡）へ討ち入った。その後若桜街道を進んで徳丸（八頭郡八頭町徳丸）、安井郷（八頭郡八頭町安井宿）、可谷（場所不明）を焼き払い、鹿野（鳥取市鹿野町）に出た。鹿野に出たのは六月九日のことであった（巻八「因州鹿野御陣の事、並びに山名大蔵大夫御身方候事」）。

ちなみに『信長公記』（巻十三）は、木下平太輔（荒木重堅）、蜂須賀小六等が播州宍粟郡に立て籠る宇野民部を討ち取ったのは六月五日としているが、果たして『信長公記』の記述は正しいのであろうか。

ここで鹿野城（鳥取市鹿野町）について若干説明を加える。

鹿野城は因州西部（鳥取県西部）にあり、伯耆国（鳥取県西部）に近い要所にあった。かつては出雲守護尼子氏の侵攻をたびたび受けていた。天文十三（一五四四）年、月山富田城主尼子晴久が侵攻した時、城主志加奴入道は討死した。鹿野城は志加奴城とも言われたという（②『山名』第四号）。

その後、天正元（一五七三）年八月、尼子勝久・山中鹿介幸盛は毛利方の鳥取城定番武田高信を追放し、山名豊国等と共に鳥取城に入った。しかし、その二ヶ月後吉川元春が鳥取城を取り囲み山名豊国を降して落城させた。毛利輝元は家臣野村士悦（信濃入道）に鹿野内で三百貫の土地を宛がい、因州仕切りのため鹿野の古城（鳥取県気多郡鹿野町、現鳥取市鹿野町）の普請を命じた。この時、翌年三月まで在番することも命じた。また、吉川元春も伯耆尾高（鳥取県米子市）城主の杉原盛重等に鹿野城修復を命じている。

このように鹿野城は毛利氏領国であった伯耆国に近い因幡西部（鳥取県西部）にあるため、鳥取城に対して毛利方の要であった。

この当時織田方でも、伯州境の鹿野城は吉川の付け城と認識されていた。『武功夜話』によると、立て籠る敵数七百有余人、守将は吉川の家人三吉徳兵衛、近藤七郎兵衛、森脇次郎兵衛、中村善兵衛等であった。但馬勢は末持（鹿野町末用か）口より一里十余町（四・四キロメートル余）にわたり布陣して、鉄炮五百挺筒先より黒煙真っ黒になって撃ち入った。南口は宮部善祥坊の手の者二千有余、前野将右衛門の手の者は城の東口より攻め懸った。さらに播州姫路の秀吉の先手蜂須賀勢あわせ一万有余の大軍に囲まれた鹿野城は一日にして開城された。鹿野城攻めに蜂須賀彦右衛門の手の者として高名があった亀井新十郎に三百の手勢を遣わして、六月より厳重に在番させた。羽柴勢は鹿野が落城して四日後には鳥取城を四方より囲んだ。その光景は「その二万五千有余の大軍雲霞の如し」と記される（巻八「因州鹿野御陣の事、並びに山名大蔵大夫御身方候事」）。

この時、秀吉は久松山に近い遠護寺（鳥取市円護寺）に本陣を置いた。舎弟小一郎は浜手寄りの覚寺に本陣を据えた。『武功夜話』によると、

筑前様御本陣は、山名豊国の鳥取本城が東南東に見とおせる高い遠護寺に据え置いて諸将の部署をお決めになった。御舎弟小一郎様は浜手備えのために覚寺なる処に本陣を定められた。前野将右衛門様は小一郎様に相随っておりました。

（巻八「鳥取陣の事」）

秀吉が本陣を据えた遠護寺は『武功夜話』に遠護寺山とも記される。翌天正九（一五八一）年の鳥取城攻めの時、羽柴小一郎が遠護寺山に陣所を移している。恐らく秀吉の本陣から遠護

寺山に登れば本城近くの出城雁金尾城や丸山城、千代川西方の布施天神山城等の多くの付け城も監視できたものと推測する。

『武功夜話』によると、久松山鳥取城の西方に加留（かろ）川（旧千代（せんだい）川）など河川が数条あり、自然の要害となっていたという。この周辺に付け城が多くあった。先ず、付け城の一つであった布施天神山城について「これより加留川の海手、加留天神山の付城、この城まことに節所たれば手易すく抜き難く候なり」と記述されていて、西側が湖山池に面した布施天神山城は平地に築城されていたが、簡単には攻め落とせなかったと思われる。ここは山県九郎左衛門、奈佐日本介、佐々木三郎左衛門が守備していた。

本城北側の雁金尾城については「繋ぎの城雁金尾城は塩谷左衛門尉固め候」とある。この塩谷左衛門は但州山名の元重臣で、但州美方郡諸寄（美方郡新温泉町諸寄）郷の枋谷城主であったが、このたび丹州を逃れて因州雁金尾の城に立て籠って手向かった。尾崎の城にはやはり但州七美郡村岡の田公美作守が籠城した。

しかし、天正八（一五八〇）年七月になると因幡守護山名豊国が降伏した。すでに六月鹿野城開城の時、豊国は鳥取城中の娘を羽柴筑前守陣所に差し出していた。豊国は「娘の一命に替え難しとて降伏中入れ候なり」という。秀吉は織田方に味方すれば山名の旧領を安堵するとしてこれを認めた（巻八「因州鹿野御陣の事、並びに山名大蔵大夫御身方候事」）。

因州八東郡、法美（ほうみ）郡、知頭（ちず）郡、気多郡、八上（やかみ）郡、岩井郡六郡の仕置きを舎弟小一郎に任せて、秀吉は播州姫路に帰陣した。伯州境鹿野城は亀井新十郎に命じて、六百有余の人数で固めさせた。味方した山名豊国には、邑美郡、高草郡の二郡の領有を認めた。因州の所務を宮部善祥坊に申し付けたあと、舎弟小一郎も但州出石に帰陣した。

しかし、鳥取城主山名豊国の重臣田公美作守、森下出羽守、佐々木三郎左衛門、中村対馬守等は、降参した豊国に意見と不服を申し立てて密かに毛利家に通じた。そのため豊国は身詰まり、因州目代宮部善祥坊処まで本城内のことを然々と申し寄こした。当時、前野将右衛門は七月、八月は因州鳥取に留まっていた。将右衛門に同行していた物書役前野清助は「成行き容易ならざる鳥取の状勢」であったと記している。

すなわち、目代宮部善祥坊は成行き容易成らずとて、この旨を但州出石の羽柴小一郎処へ注進した。注進を受けた羽柴小一郎は、鳥取城中の重臣ども田公美作守、森下出羽守、佐々木三郎左衛門、中村対馬守等はなお手向かいの企みを持っている。城方は加留川（旧千代川）の海手に付け城を拵えて不審なことが先頃より目立つと至急に播州姫路の羽柴筑前守処まで注進した。

当時、鳥取城は但馬衆によって遠巻きに包囲されていた。西方は鹿野の亀井新十郎、南方は宮部善祥坊、別所孫右衛門、明石与四郎等、海手口は青木勘兵衛、戸田三郎四郎、藤堂与右衛門、木村隼人（一兵衛、常陸介重茲）等が固めた。この時の味方警護の但馬衆はその数二千ぐらい、城方に詰める人数は一千五百くらいであったという。そのため城方よりは策無くして、攻め懸って来ることは無かった。

その後も、山名豊国の臣森下出羽入道（通興）、中村対馬守（春続）等が豊国に芸州毛利に味方するよう勧めていたが、豊国は承知しなかった。豊国は小姓十有余人で鳥取城を出奔し上洛した（③「石見吉川家文書」）。

時期について④「史料綜覧」は、足利義昭の御供衆真木島昭光の十月二十一日付け吉川元春宛て書状（「吉川家什書」）では、山名豊国が鳥取城を脱して秀吉に下ったのは九月二十一日となっている。

天正八（一五八〇）年十月、前野将右衛門と杉原七郎左衛門は因州鳥取より播州へ帰陣して、羽柴筑前守に因州表のことを逐一報告した。この後、秀吉は新米の買い集めを命じた。

しからば、今丁度新米が実る時期である。因州八東郡、法美郡、知頭郡、気多郡、八上郡、岩井郡の六郡の中に入り、余米を残らず買い取り収蔵するようにお命じになった。

（巻八「前野長康帰播して因州の事筑前守に報告の事」）

算盤に明るい杉原七郎左衛門と副田甚兵衛に申し付けた。両名は十月四日、但州出石の羽柴小一郎処へ出立した。

天正八（一五八〇）年十月二十一日、羽柴小一郎は兄者秀吉の作戦を受けて、因州へ向け出石有子山を出陣した。出石田結庄に暫時留まっていた前野将右衛門と浅野弥兵衛の両人は、但馬浜手の気比津居山(豊岡市)、丹生湊(美方郡香美町)、浦上(同町)で、舟手衆を集めて浜続きに因州の浦々へ進出して、海上舟手の備えとした。指揮を執ったのは浅野弥兵衛であった。

一方、杉原七郎左衛門、副田甚兵衛は六郡の在郷諸村に入り合い、新米の取り入れを見計らって、商人宮津屋伝兵衛、同嘉右衛門、並びに地元商人に金銀を惜しみなく渡して、新米を残らず買い取った。その石数四千有余石と夥しい石高であった。春までにはさらに三百石有余を買増して、岩井郡浦住浦(岩美郡岩美町浦富)より船積みして但馬へ運んだ(巻八「第二次鳥取城責めの事」)。

参考文献

①「長宗我部宮内少輔宛(天正八年)六月十九日付羽柴藤吉郎秀吉書状」『豊臣秀吉文書集一』文書番号二四八、「紀伊国古文書」国文学研究資料館蔵、名古屋市博物館編、吉川弘文館、二〇一五年
②『山名』第四号、吉田淺雄「伯耆山名一族の城館遺跡」、編集発行 全国山名一族会・山名氏史料調査研究会、一九九八年
③『大日本古文書』「石見吉川家文書」一五一号・山縣長茂覚書
④「史料綜覧」十編九一一冊、真木島昭光十月二十一日付吉川元春宛書状(「吉川家什書」)、

東大史料編纂所

三、因州鳥取城攻め（一五八一年、天正九年）
――吉川経家三月十八日名山鳥取入城――

天正八（一五八〇）年は羽柴小一郎、前野将右衛門等は但馬出石で越年した。このたびの鳥取城攻めについて、秀吉の戦術は因州六郡内の新米を一石たりとも残さず買い集めて城方（毛利方）へ渡さないこと、海上に船手を数百艘ほど用意して西国毛利の兵糧の搬入の手立てを断つことであった。

天正九（一五八一）年正月十五日、秀吉の命令を受けて舎弟小一郎は因州へ発向した。前野将右衛門も同道して法美郡国府（鳥取市国府町）に滞留した。大寒の時期、因州はまことに厳しい風土であった。

終日の烈風は松樹に寒琴を鳴らす。いまだ冬の青蕪生えず、天は暗く朔風（北風）が雪の欠片を散らす、寒気中々去り難し

（巻八「鳥取城責め羽柴秀吉御詑の事」）

さて、因州にも春がやって来た頃、芸州毛利の代将、石見福光城主（島根県太田市温泉津

町）吉川式部少輔経家が鳥取城に入城した。『武功夜話』は次のように伝えている。

潮津波は静まり、春の光が海上に満ちて海は青々としている。多くの草花が一度に芽を出して、因州の野原は漸くにして春の色をあらわした。往還の人馬の往来東西に増えて、雀の鳴き声も騒々しくなり、待ちわびた春が来た。ここに芸州毛利の宿将吉川式部少輔経家が一千有余の人数を率いて、鳥取の城へ乗り入れた。

（巻八「第二次鳥取城責めの事」）

この時、加留川（旧千代川）の加留の岸辺に毛利の軍船五十有余艘が着岸した。早速播州姫路の秀吉に知らされた（巻八「同右」）。

これより鳥取城をめぐる戦いについて、先ず芸州毛利家代将吉川経家から記してゆく。

鳥取市歴史博物館発行の①『増補版　天正九年鳥取城をめぐる戦い』所収「城代吉川経家―鳥取在番の背景―」（二一〇頁）によると、経家は石見吉川家の十代目で、石見福光城主（鳥取県大田市温泉津町）吉川経安の嫡男である。当時、経安は本家筋の吉川元春や惣領主家の毛利家に度々知行安堵の嘆願をしていたという。

例えば、元亀二（一五七一）年五月二十七日付毛利輝元書状写（②）や天正元（一五七三）年十二月十日付毛利輝元書状写（③）を見ると、惣領主家の毛利輝元は吉川和泉守（経安）の愁訴を承知しているが、愁訴の処置を延期するとか、家来の誰の愁訴も受け付けないと小早川隆景と吉川元春に申し送り、二人から吉川経安に仰せ下されと記されている。

石見吉川家と本家筋吉川元春、惣領主家毛利家とのこのような関係の仲にあって、経家の鳥取城在番の背景について、伊藤氏は「城代吉川経家—鳥取在番の背景—」の中で、「経家の鳥取派遣は、主家筋からの所領安堵に不満を抱いていた経安・経家父子が、所領を獲得しようと働きかけた嘆願行為の延長に位置付けることができるのである」としている。

ここで、経家が鳥取に在番することになって、元春・元長父子が因州に於いて六百石の給地を約束した正月十四日付の吉川元春同元長連署状（④）を左に掲げる。

今度鳥取在番のため、上られることになり御心労と察します。然らば戦で勝利の上は因州で六百石の地を差し上げます。別して忠義に抽んでられる事が肝要です。猶、元春・元長がここに申します

正月十四日　　　　元長（花押）

　　　　　　　　　元春（花押）

式部少輔殿

　　進之候

（「石見吉川家文書」一三四号）

吉川経家は鳥取籠城を覚悟し二月二十六日、息亀寿丸（後の経実）に所領を譲って、同日福光城を出陣した（⑤「石見吉川家文書」二八号、⑥同二九号）。ここでは、天正九年二月二十六日付吉川経家譲状影写を左に掲げる。

芸州大朝庄桑原名三町六段と石州邇摩郡温泉郷内飯原村十八町余りは本家筋の新庄（広島県山県郡北広島町）吉川家（当主は吉川元春）から付与された所領地である。我等に因州鳥取に至り鳥取城に籠もり在番するようにと仰せがあった。貴命に背き難く、今日二十六日福光城を出陣する。芸州毛利家の御用に立つ覚悟は出来ている。そのため、右の知行地を亀寿丸（経実）に譲与するところ右の如し

天正九年

二月廿六日　　式部少輔経家（花押）

吉川龜壽丸殿

（「石見吉川家文書」二九号）

吉川式部少輔経家は三月十八日鳥取に入城した。福光城の重富新五郎に宛てた天正九（一五八一）年三月二十日付吉川経家自筆書状（⑦「石見吉川家文書」一四五号）には、途中大殿様

（吉川元春）に雲州出雲郷で拝謁して、一昨日（十八日）の巳刻（午前十時頃）に鳥取に至り登城した。鳥取在番の芸州衆は悉く、かろ（賀露）まで迎いに出たが、因幡衆は五～十人しか路次山下まで迎えに出なかったと記されている。

さらに経家は、鳥取で勝利すれば無論目上の人や毛利家からの信頼の覚えは良くなる。しかし因州（鳥取）・伯州（鳥取県西部）で勝利が無ければ、芸州（毛利家）の武威も落ちてしまう。因・伯で勝利が無くなった時は何処にても相果てるつもりだとしている。そして、経家は名山鳥取にて名誉を残さんことを望んでいた。式部少輔の言葉を同自筆書状から引用する。

> 織田家・毛利家の戦の境目、日本に隠れなき名山鳥取に籠って、吉川家の御用に立ち、名誉を後代に留めんとする事は、古今未来の大望、これに過ぎざる事はなし
>
> （「石見吉川家文書」一四五号）

その後の五月十六日頃になると、因州私部（きさいち）（八頭郡八頭町）、鹿野（織田方秀吉の将亀井新十郎が在番）並びに伯州羽衣石（うえし）（城主は織田方南条勘兵衛元続）の一円では兵糧が無くなっていた。また鳥取城内でも中間・人足の殆どは病を煩っていた（⑧「石見吉川家文書」一四六号）。

さらに、五月十九日付吉川経家書状（⑨「石見吉川家文書」一四三号）によると、城内には

芸州からの援軍である加番衆と因州の国方衆と併せて人数千有余が詰めていた。このうち具足は八百程であった。鉄炮や玉薬、兵糧は三～四ヶ月の間に簡単に尽きてしまう状態であった。因州、伯州は錯乱状態なので作物や米等は成らず、兵糧はあと三～四ヶ月で尽きてしまうので、本国の本陣に兵糧の送付を依頼している。そして経家は来年（天正十年）の二～三月頃まで籠城を覚悟していた。

次に、吉川元春の家臣香川春継等に宛てた六月二日付けの吉川経家覚書（⑩「石見吉川家文書」一四九号）には、経家の鳥取籠城の決断の様子が記述されている。因幡の国方衆は籠城は嫌っていたが、経家は毛利方の計略を少しずつ引き合いに出して、今度の籠城が肝心である理由をよくよく述べた。それも公儀（将軍足利義昭）の御為でもあると籠城の趣旨を説いた。そして、経家は国方衆の大方は無力であると嘆くとともに、万一油断をしていては戦闘の時は一大事となると大変な気苦労をしていた。

一方で、経家は山伏等を京都や畿内に送り込み、信長や秀吉の動向を探っていた。国元の重富新五郎に宛てた六月十七日付けの吉川経家書状（⑪「石見吉川家文書」一四七号）をみると、信長自身が因州に下るという風聞はこれまでのところはないが、姫路にいる羽柴筑前守が陣触れを出した。因・但州表、あるいは雑賀表への出陣とのことだが、秀吉は必ず因州鳥取表へ攻め込んで来ると経家は覚悟していたことがわかる。

さらに、経家は秀吉の上方勢の鳥取下向を予測するとともに、先の重富新五郎宛六月十七日付吉川経家書状の中で、仮に敵が付け城を突破して鹿野、羽衣石が占領されても、八橋（東伯郡琴浦町八橋）と鳥取が持ち堪えられれば、付け城等いくつ落去しても構わないとしていた。すなわち、経家は八橋城と鳥取城が堅固なら芸州毛利家の勝利は疑いなし、これと申すも籠城は八月、九月、強いては十月までのことと覚悟していたのである。

また城兵は一千人の人数がいるので、鳥取へ急いで兵糧の差し込めを依頼していた。この時期すでに城内と久松山下の諸々の持ち口を定めて、明日の敵に備えていたが、兵糧不足により城内に不慮の事態が起こりかねない状況であると経家は大変苦慮していたことがわかる。

さてこれより、播州姫路の羽柴筑前守並びに但州有子山の羽柴小一郎等羽柴勢の因州鳥取城攻めについて『武功夜話』の伝承記録から記述してゆくこととする。

―先手羽柴小一郎六月出石有子山発向―

天正九（一五八一）年六月十一日、出石有子山城の羽柴小一郎所に使者桑山修理亮（重晴）が六月五日付けの秀吉の一書を携えて到来した。羽柴筑前守の陣触れに先立ち、秀吉は舎弟小一郎に因州鳥取の城攻めの先手を命じるとともに、鳥取城攻めの指示を与えた。その当時、秀吉は播州姫路にいて備中における毛利備えのため、姫路の山城を堅固に築城していた。城普請は加藤作内と小寺官兵衛に申し付け急がせていた。吉川式部少輔が立て籠る因州鳥取表の報告を受けていた秀吉は三人に次のような指示を伝えた。

一、備前岡山の宇喜多が大丈夫であれば、毛利三家は軽々しく動かないであろう。播州姫路の城が完成次第、播州と備前の人数二万有余で因州へ発向し、取り詰める予定である。これからも但馬衆は毛利との境目を堅く守備し陣取る事。吉川式部少輔は城中の兵一千、二千では責め出る事はないだろう。当方は繋ぎの出城を厳重に見張っていればさしたる気遣いはない。敵の城方の兵糧は邑美郡、高草郡の二郡の内だけでは賄いきれないはずである。さしずめ海手の加留湊を押えて毛利の軍船を入れない事が肝要である。以前よりも在郷諸村の見張りを厳重にして、百姓どもが一揆などを起したら、直ちに討ち払い厳しく対処して、百姓どもを城内に追い入れれば、城中の兵糧の蓄えがその分喰い尽くされる。そのようにして籠城を長引かせない事。

一、小一郎は浜手伝えに諸勢を急いで陣替えさせる事。本城近くの然るべき所に見当をつけて陣所を構えて置き、小一郎は国府（鳥取市国府町）にそのまま残る事。

一、浅野弥兵衛には前もって申し遣わしたように、船手の人数をなお一層集めて、海上より湊浦々へ漕ぎ寄せ、敵船一艘なりとも入れない事。

一、桑山修理、多賀文蔵、戸田三郎四郎の身続（加勢の意）の人数五百と、併せて鉄炮、玉薬二十駄を送るので受け取るように。

舎弟小一郎は直ちに出石有子山で軍議を開き、鳥取に向かうため討入の陣触れをした。

天正九（一五八一）年六月十八日丑刻（午前二時頃）、先手大将羽柴小一郎は二千三百有余の仕立てで出石有子山を発向した。因州と但州の国境、山陰道を美方郡加茂峠（鳥取県岩美郡岩美町蒲生）を越え、法美郡国府（鳥取市国府町）に着陣、その後遠護寺山に陣所を移した。前野将右衛門は浜手伝いに諸寄（兵庫県美方郡新温泉町）から因州岩井郡浦住（鳥取県岩美郡岩美町浦富）を経て浜坂へ、これより本城の出城丸山備えのため覚寺に陣所を据えた。浜坂にはすでに宮部善祥坊、垣屋駿河守等三千有余が陣取って下知待ちであった。

六月二十三日、羽柴筑前守の先手蜂須賀彦右衛門、同子息小六家政、木下平太夫が三千有余の人数を率いて、竜野衆を道案内に播州宍粟郡の鹿伏（宍粟市波賀町鹿伏）、戸倉（同町戸倉）と若桜街道を進み、因州境八東郡へ乱入した。高草郡に深々く討入り、沿道の在郷諸村の民家に火を放ちながら、邑美郡百谷（鳥取市百谷、山陰道へ連なる県道四三号線）辺りに陣取った。蜂須賀彦右衛門は遠護寺山の羽柴小一郎陣所に行き、筑前守の命令を伝えた。現在の地図で、百谷から遠護寺山までは直線距離四〜五キロメートル、途中本陣山があるので、彦右衛門は恐らくこの山中を抜けたのではなかろうかと推測する。前野将右衛門も小一郎陣所に来ていた。秀吉の御諚（命令）は次のようであった（巻八「天正九年鳥取陣の事」）。

御大将羽柴筑前守は一万有余の人数で、すでに姫路を出陣した。備前宇喜多衆も八千有余で美作の国境（岡山県北部）より因州鳥取に向けて出陣した。鳥取の本城を四方八方蟻一匹逃げ出せないように鹿垣を結い、加留川（旧千代川）浜手には、軍船を浮かべて、西国衆の軍船が入れないようにして、兵糧攻めにする考えである。また加留川の西口秋里に向けて船橋を頑丈に作るようにという筑前守の意向であった。

筑前守の命令を伝えた蜂須賀彦右衛門は、さらに昼夜分かたず討ち入り、邑美郡、高草郡二郡の一揆どもを容赦なく城中に追い入れ、筑前守の思いの如くに、城中籠城の輩を残らず干殺し、眼に物を見せるべきだと羽柴小一郎等に語り聞かせた。

天正九（一五八一）年六月二十五日、羽柴筑前守の馬印は鳥取城東方の小山に翻った。『信長公記』や⑫『細川家記』も因州鳥取着陣を六月二十五日と記す。そして秀吉は、久松山の東、約一・五キロメートルに位置する山に本陣を据えた。現在、いわゆる本陣山と言われる場所に陣所を据えたことが判明している（増補版『天正九年鳥取城をめぐる戦い』所収「鳥取城とその城主」）。

―毛利方経家と織田方秀吉の布陣―

次に秀吉と対峙した鳥取本城、並びに久松山西岸の出城の毛利方の布陣の概略について記す（⑬「山縣長茂覚書」、⑭『陰徳太平記』、⑮「旧塁鑿覧」）。

久松山鳥取城々将
吉川式部少輔経家
付将
森下出羽入道道誉（通輿）
中村対馬守春続
鳥取籠城衆
今田孫十郎宗輿　朝枝加賀守春元
山縣筑後守就慶　森脇内蔵大夫
野田左衛門尉春実　武永四郎兵衛
井下新兵衛　井尻又右衛門
高助左衛門　長和三郎右衛門
大草玄蕃　長岡信濃守正勝
此外近習衆、船手衆、中間衆
杉原播磨守盛重内　横山弥太郎
南方半助
穴道政吉内　穴道弾正

古志因幡内　　　　　古志蔵人
有地右近内　　　　　有地左京
芸州より加勢都合四百有余人

出城、丸山籠城衆
塩谷周防守
佐々木三郎左衛門
奈佐日本助
芸州より加勢
山縣左京亮
堺与三右衛門
此外近習衆、小石見衆、船手衆、中間衆
この人数は不明
（以下は『武功夜話』巻八「天正九年鳥取の陣」より）

出城、尾崎の城
田公美作（但州気田郡国分寺住人）

大坪与四郎（但州七味郡村岡住人）
この人数四百有余人

出城、雁金尾の城（「山縣長茂覚書」は雁金山、「旧塁鑿覧」は雁金尾の城）
塩谷治左衛門（但州美方郡諸寄郷朽谷住人）
この手勢三百有余人

出城、吉岡の城
吉岡入道、同舎弟右近将、同嫡子安芸守
この人数五百有余

なお出城の一つであった布施天神山城については、籠城等の記述された史料が見当たらないので不明である。

当時、丸山城の付近には数条の大河があった。本城近くに滲川（現袋川）、その西にまた大河あり。この大河の西岸に三嶋や秋里村があった（「旧塁鑿覧」）。鳥取城に小姓として籠城した「山縣長茂覚書」に、この大河は「仙大川」または「大河かる」と記されている。『武功夜話』はこの大河を「加留川」と記している。

次に、寄せ手羽柴筑前守の上方勢布陣の概略を記す。

帝釈山（現本陣山、太閤ヶ原）

総大将、羽柴筑前守秀吉

『陰徳太平記』によると秀吉は摩仁帝釈山に陣所を据えたという。帝釈山は鳥取城があった久松山の東約一・五キロメートルにあり、現在は本陣山と呼ばれ、陣所跡は太閤ヶ原と呼ばれている（展示図録、増補版『天正九年鳥取城をめぐる戦い』）。さらに帝釈山の位置について、「山縣長茂覚書」には、「七月十二日未明に筑前守殿猛勢を引率、鳥取東北の高山へ打上、本陣に定めた」とあり、帝釈山は鳥取の東北と見なされていた。

「旧塁鑿覧」によると（但し括弧内は筆者が注記した）、本陣近くに近習山内猪右衛門（一豊）、加藤虎之助（清正）、白母衣隊、黄母衣隊、小西谷から栗谷にかけて、山中に羽柴藤五郎（長谷川藤五郎、秀一）、堀尾茂助（吉晴）、仙石権兵衛（秀久、後越前守）が居陣した。

ここで筑前守本陣築城（現太閤ヶ原）の経緯について考察を試みたい。

秀吉の先陣蜂須賀彦右衛門率いる三千有余人は若桜街道から山陰道へ通じる邑美郡百谷に陣取ったことが『武功夜話』に記されている。百谷辺りに着陣した蜂須賀彦右衛門は、海手の遠護寺山に陣所を構えていた秀吉の舎弟小一郎に、筑前守の命令を伝えるために遠護寺山に出向いた。このことは先に触れたとおりである。舎弟小一郎との連絡に、蜂須賀彦右衛門は摩仁山、或いは別名帝釈山の山中を往来した可能性が高い。従って、先陣蜂須賀隊は遠護寺山と百谷のほぼ中間に位置する帝釈山（現本陣山）付近の地形を調べた上で、総大将羽柴筑前守の本陣に最適の場所を選んで築城したのではないかと考える。さらに、日本十大籠城戦『鳥取城攻防戦跡をめぐる』（鳥取市教育委員会）の冊子によると、秀吉が本陣を置いた帝釈山（現本陣山は標高二五四メートル）から鳥取本城、袋川と旧千代川近辺の出城等は久松山（現在の標高は二六三メートル）に阻まれて見えなかったのではないかと考える。

しかし、『信長公記』（巻十四「因幡国鳥取城取り詰めの事」）の「とっとりの東に、七、八町程隔て並みの高山あり。羽柴筑前、彼の山へ取り上り、是れより見下墨、即ち、この山を大将軍の居城に拵え、……」の記載では、秀吉がかの魔仁帝釈山（現本陣山）に上り、そこから見て推し量り、この山を陣所として築城したと解釈される。しかし、秀吉が帝釈山に上って見たものとは何だったたか、筆者は鳥取城は無論のこと、出城や数条の大河すら見えなかったのではないかと推測する。

次に、鳥取本城を囲んだ羽柴家臣団の布陣について記す。

「山縣長茂覚書」の記述の一部によると、袋川が鳥取城の水堀の如くであったという。

この川鳥取城の水堀の如くあり、袋川を前に置いて、浅野弥兵衛、中村孫平次、小寺官兵

図　鳥取城周辺

衛、蜂須賀彦右衛門、鳥取本城と丸山の間の雁金山は宮部善祥坊、垣屋駿河守、丸山には羽柴小一郎殿一手衆、

とある。

次に、袋川と西の旧千代川の間の諸将の布陣について、「旧塁鑿覧」等を検証して筆者が作成した諸将の陣所を示す。（ ）内は筆者による。

鳥取本城袋川の西

江崎村

木下助兵衛

中村孫兵衛（正しくは孫平次、一氏）

吉方村から行徳鹿野道南側（県道二一号線南側）

小出大和守

木下平大夫　後備中守

神戸田半左衛門

小寺官兵衛

蜂須賀彦右衛門

旧千代川（加留川）
浜坂
宮部
江津
浅野
加藤（作）
羽柴小一郎
前野
秋里
丸山城
覚寺
雁金尾城
杉原
山陰道
安長
田島
久松山鳥取城
品治
木村
鹿野道
行徳
右海
別所
蜂須賀
小寺
神戸田
中村
木下（助）
木下（平）
若桜街道
吉方
500m
図　織田方秀吉勢の布陣

別所豊後守

行徳鹿野道北側（県道二一号線北側）

木村隼人　長門守父

田嶋村

加藤作内　後遠江守

旧千代川（仙大川、加留川）の西

秋里村（旧千大川西岸、山陰道安長渡しの北辺）

杉原七郎左衛門

秋里村（旧千代川西岸、三嶋の藪近辺、杉原七郎左衛門の陣所より北）

浅野弥兵衛　後弾正

とくに浅野弥兵衛の陣所跡については、増補版『天正九年鳥取城をめぐる戦い』に詳述されている。同書の伊藤康晴氏の論考4「浅野弥兵衛長政の陣所」によると、昭和六年に通水した千代川付け替え工事で河道は東から西に変えられ、昭和四十～五十年代には国道九号バイパス・現国道五三号線の敷設、狐川の河川改修工事が行われた。そのため、旧秋里村字三嶋付近のかつての景観は大きく変貌したが、僅かに三嶋大明神の鎮座した「三嶋の藪」の一部が痕跡をとどめ、高さ二メートル内外の土塁が残されているという。この「三嶋の藪」の西二〇〇メートル程に位置し、現在の国道九号バイパスと国道五三号が交差する付近が陣所跡地と推定されるという。よって、伊藤氏のこの論考に基づいて筆者は「旧千代川西岸、三嶋の藪近辺」とした。

浜手（以下『武功夜話』巻八より）

　浜坂村

　　宮部善祥坊

　　垣屋駿河守　都合三千有余人

　覚寺

　　前野将右衛門　九百有余人

　小山池（湖山池）辺り大塚・野坂（鳥取市大塚、同野坂）

　　別所孫右衛門（重棟）

　　明石与四郎（元和）　総勢六百有余人

　遠護寺山

　　大将　羽柴小一郎秀長

「旧塁鑿覧」では舟奉行、船手ウンソウ奉行として

　舟奉行

吉川平助

松井猪介（筆者注、後佐渡守康之、長岡藤孝重臣、後細川家々老、『信長公記』は松井甚介とする）

船手運送奉行

増田仁右衛門　後右衛門尉（筆者注、長盛、後豊臣家五奉行の一人）

同じく「旧塁鑿覧」によると

浜坂辺り（丸山城北方）

青木勘兵衛　後紀伊守

覚寺辺り（丸山城東方）

三好孫七郎

桑山修理亮

この時の備前宇喜多勢の陣容や陣所について「旧塁鑿覧」『武功夜話』等には触れられていないが、宇喜多勢は雁金山に陣取っていた。『陰徳太平記』によると、鳥取本城と丸山城の中間にある雁金山には備前宇喜多勢の明石飛騨守、長船紀伊守、福田五郎左衛門、楢崎監物、宇喜多七郎兵衛（直家の弟）、岡越前守以下八千余騎が点々と陣を張っていた。

先手の大将羽柴小一郎は遠護寺山に本陣を置いた。前野将右衛門の総勢九百有余人が、陣所のある覚寺から一里十町（五キロメートル程）先の丸山城に三度攻め懸ったが、敵は城内から出て来ず、戦いの駆引きは手塞がりとなった。毛利方の五城の付け城を攻め落とすこともできず、長囲いの布陣のまま状勢は新月盂蘭盆会も数日に迫る頃となってしまった（『武功夜話』巻八「天正九年鳥取責め羽柴秀長御軍議の事」）。

―宮部善祥坊盂蘭盆会前の神谷中入り―

羽柴小一郎、前野将右衛門、宮部善祥坊、杉原七郎左衛門は参会して、先々の浜手の手立てについて軍議した。海手加留川（旧千代川）の西国水軍の備えを厳重にするとともに、加留川西岸の秋里へ向けて船橋造りに取り懸ることとした。そして秋里郷から神谷（鳥取市西今在家）に討ち入り、神谷に居陣して鳥取本城と尾崎の城・吉岡の城等の出城との繋ぎを断ち切る策略を立てた。しかし、因州鳥取城の西北の地、この地は加留川を含め三流、湖山の池等があり、沼や沢の地で馬を乗り入れれば馬の脚も上がらずという地形であった。

先ず、加留川始め数条の川に船橋を拵えるために、杉原七郎左衛門は加留川西の秋里郷へ押し出した。川東よりは前野将右衛門が船橋作りに取り懸った。加久、小山、南能の浦々より川舟を取り寄せ、一艘でも多く寄せて舟橋を拵えた。山方の木挽衆三十有余人を召し寄せ松材を割り、

一、縦九尺、横一尺二寸、一千五百枚

一、板杭、長さ九尺、五百数十本

を用意、加留川始め大小の河川五ヶ所、人馬滞りなく渡るべく念入りに頑丈に拵えた。

船手大将浅野弥兵衛の軍船大小その数六十有余艘が加留川の浦々に旗印を掲げ、大筒、鉄炮、火箭を並べ陣取った。加勢として若狭衆長岡兵部大輔藤孝、同嫡輿一郎忠興が五十有余艘の船手の備えを引具して、賑々しく旗幟を押し立て繰り出してきた。海手の備えを厳重にしても、万一西国衆の舟手が漕ぎ寄せて来た時、加留川の舟橋をもって水路を塞ぐという作戦であった。

軍議の結果、秋里郷から神谷討ち入りの先陣は宮部善祥坊となった。その経緯について『武功夜話』は次の如く記している。

軍議半ばの頃合い、宮部善祥坊が前に進み出て「只今の前野将衛門殿の計策は至極に存じます。それがし（宮部）が先陣を受け給わり神谷に討入り、城方（毛利方）の繋ぎ手を引き離し断ち切ります。なにとぞ今日の神谷中入り、それがし（宮部）に仰せ付けつけ下さり度く」（巻八「天正九年鳥取責め羽柴秀長御軍議の事」）と鎧袖を払って膝を乗り出した。すでに敵を呑むかの気概であった。

次に神谷中入りの手筈について『武功夜話』より詳述する。

一、川舟三十有余艘に薪藁、干草を積み入れて、夜陰に紛れ加留川を漕ぎ上り、見計らい油を注ぎ、舟もろとも火を放ち本尊安長より（筆者注、「旧塁鑿覧」に山陰道と思われる付近に「安長渡し」とあり、この辺りかと推測される）押し渡り責め入る事。

一、右の手立ては城方を引きつけて、この隙に乱入して、神谷を取り抱え陣取る事。

一、秋里の杉原七郎左衛門陣所、並びに覚寺の前野将右衛門陣所は篝火、松明夜中燃やし続けて、付城の城戸口まで討ち入る事。

一、宮部善祥坊はこの紛れに乗じて三千の人数をもって構わずに付け城の中入りの事。

一、宮部善祥坊、午後八時をもって討ち入る事、責めての各々に取手作りの道具をぬかりなく用意させ、鉄炮六百有余挺を携さえて、まず取手を作り、その周囲を鹿垣、馬柵を厳重に設ける事。敵方が城中から責め懸って来た時は、この取手に拠って即時に敵を打ち崩す事。宮部の後備えはこれを見計らい神谷へ向かい陣取る事。

（巻八「天正九年鳥取の事」）

以上が宮部善祥坊神谷中入りの手筈である。

では、次に宮部善祥坊が前野将右衛門等と組んでおこなった神谷討ち入りの次第について『武功夜話』より詳述する。

宮部善祥坊は目的を果たすべく兵三千の準備を終えて午後八時を待った。前野将右衛門とよくよく打ち合わせて、薪藁舟の漕ぎだしの後、神谷道へ押し入りの手はずであった。薪藁舟の漕ぎ出しは前野将右衛門が取り仕切った。前将の身内で夜攻めに長けた前野兵庫忠康、同式部尉、同九郎兵衛行宗、丹羽覚左衛門、樋口次郎左衛門、田尻三郎、同左衛門、稲田大八郎、水野助兵衛、吉田四郎左等屈強なる面々の三十艘の薪藁川舟と加子衆（水夫衆）の二十有余艘の薪藁川舟が一度に漕ぎ出して、物見の狼煙を合図に三十有余貫（一貫は三・七五キログラム）の錨を下ろし、油を注ぎ入れ火を放った。たちどころに黒煙が天にのぼり、炎は火の柱を立てた如く川面に飛び、炎は落下して、折から烈風を呼び、大軍が一時に迫り来たようなすさまじい光景となった。城方（毛利方）はこの急変の出来事に成す術がなかった。

一転の内に、宮部善祥坊は三千の兵を二手に分けて山谷を踏みわけ進み、敵方一揆勢を切り崩し神谷を取り抱えた。二段、三段に鹿垣を結い回し神谷に陣取った。その日の明け方、東の空の曙光が林間を照らすと、万旗は薄日に輝いた。城方はあれよあれよと神谷を打ち眺め、肝を潰して滅入りたる如くであった（巻八「天正九年鳥取の事」）。

以上が、盂蘭盆会も数日に迫る宮部善祥坊神谷中入りの次第である。

『信長公記』の記述に、羽柴筑前守が久松山と並ぶ程の山に居城を拵えたあと、「頓て又、二ヶ所のつなぎの出城の間も切り取り」（巻十四「因幡国鳥取城取り詰めの事」）とあるが、この出城とは尾崎城と吉岡城とを指していると考えられる。すなわち『信長公記』のこの部分は「鳥取本城と二ヶ所の出城尾崎と吉岡の城との間を切り取った」と理解すべきである。この大役を成し遂げたのは、無論先陣を任された宮部善祥坊であったが、『信長公記』は宮部善祥坊の事蹟であったことに触れていないのが残念である。

一方、盂蘭盆会が翌日に迫った七月十二日秀吉は鳥取東北の高山の帝釈山に本陣を据えて、鳥取本城を囲んで布陣した。本城に籠城する吉川式部少輔は、七月二十七日に吉岡城表で秀吉を破ったことを重富新五郎に宛てた⑯七月晦日付吉川興家自筆書状で申し送った。その内容とは「七月十二日羽柴筑前守は鳥取城を包囲した。鳥取城は勿論の事、五ヶ所の出城も堅固である。七月二十七日吉岡城近辺で軍があり羽柴勢を破っている。戦況はこの様なので、鳥取の本城の陣も退くような事は無いだろう。皆様にこの旨御披露くだされたい」と吉岡表で勝利した喜びを国元の石見福光城の国富新五郎に伝えている。

しかし、翌八月になると鳥取城中で餓死者が出た。⑰（天正九年）八月廿日付羽柴藤吉郎宛織田信長黒印状は、羽柴藤吉郎からの返書として出されたものであるが、その黒印状に「城中に日々餓死に及ぶ者がいるのは事実だ」と記されている。また同黒印状で、信長自身も出馬の用意があることや、鹿野と伯耆（鳥取県西部）の間に乱入して多数の敵を討ち取った羽衣石（東伯郡湯梨浜町）の南条勘兵衛元続を賞している。

八月十四日、信長は秘蔵の馬三匹を秀吉へ遣わすとともに、鳥取表の情報収集のため高山右近を派遣した（『信長公記』）。

鳥取城の兵糧については、昨年（天正八年秋）の秀吉の因州六郡での新米の買い取り策の影響を受けて、経家が心配していたように、天正九年八月になると城内に餓死者が出た。出城の丸山城でも同様であった。『武功夜話』は次のように伝承記録している。

鳥取の本城並びに丸山の付け城に楯籠りましてから七十余日、芸州毛利家より頼みの身続の加勢が来ていない。羽柴筑前守様の軍勢は東西南北二里五町（約八・五キロメートル）の間、播州衆、備前衆、但馬衆、遠巻の人数三万有余人が鉄椎のごとく居陣しています。智謀勇略の城将吉川式部少輔は毛利三家衆の間にその人ありと誉が高い武者でありますが、城内の兵糧は相尽きて、町屋衆並びに一揆の輩ども総勢五千有余の口に入る一粒の米、粟も無く、城中に生える青草もありません。

（巻八「天正九年鳥取の事」）

籠城して「七十有余日」とあるのは、三月十八日が吉川式部少輔鳥取入城であることを考慮すると籠城日数が合わない。前述の通り、秀吉軍は七月十二日三万有余の人数で、鳥取城と出城の丸山城を鉄椎のごとく包囲した。これより「七十有余日」という意味である。

ちなみに吉川経家の切腹は十月二十五日であった。経家の小姓として鳥取城に籠城した「山縣長茂覚書」の記録に、「吉川式部少輔殿は百余日籠城を遂げて、和睦をもって将士を助けるため、秀吉に切腹の申し出をした」とある。まさに秀吉が鳥取城と丸山城を包囲した七月十二日より数えて籠城百有余日後が、すなわち経家が切腹した十月二十五日にあたる。『武功夜話』

の記述は九月下旬すでに鳥取城並びに丸山城で兵糧が尽き果てていたことを示す記録である。
次に籠城人数について『武功夜話』では、「町屋衆並びに一揆の輩ども総勢五千有余」と記されている。秀吉は邑美郡、高草郡二郡の一揆どもを容赦なく城中に追い入れ、四方八方蟻一匹逃げ出せないようにして、城中籠城の輩を残らず干殺しにするという命令を出していた。鳥取本城内には芸州毛利からの加勢を含めて、兵士は人数千有余であったので、恐らく追い込まれた町屋衆や一揆の輩を含めての数字であろう。参考までに「旧塁鑿覧」には城内男女三千八百人と記されている。

『信長公記』は鳥取籠城衆について人数は記していないが、「牛馬をくらひ霜露にうたれ弱き者は餓死際限なし」とか、鉄炮で撃たれ倒れて未だ息ある者を、人が集まり刃物で骨や肉を剝ぎ取った。また人々は中でも頭は良き味と見えて、首を此方彼方（こなたかなた）へと奪い取り逃げ去ったとあり、著者太田和泉守が現場に居合わせたかのような生々しい記述である。続けて「然れども、義に依て命を失ふ習ひ大切なり」といって、義を重んじて城中より降参の申し出があったとも記している。その後の鳥取城将吉川式部少輔が、降参して切腹に至った経緯は『信長公記』には記述されていない。

―吉川式部少輔経家十月二十五日切腹―

吉川経家が生害に至った経緯とその子細に付いて、「石見吉川家文書」、「山縣長茂覚書」、『武功夜話』等をもとに述べてゆく。

先ず「山縣長茂覚書」によると、鳥取城内の兵糧が尽き果てたことが秀吉方の陣中に漏れたという。その後、鳥取本城に籠っていた野田左衛門春實は因州国方衆の婿であったので、初めは春實の舅が内密に連絡を取ったという。これより秀吉方から堀尾茂助（吉晴）、一柳市助（直末）、城方から野田左衛門が使いとして和議を進めた記される。

この和議の申し出があった前のことであろう。安土の信長より軍目付高山右近が鳥取表に派遣されていた（『信長公記』）。『武功夜話』に、次のような記載がある。

先日安土の内府信長公より御目付けが参って鳥取城の長囲いの取詰めの子細についてお尋ねがあった。安土の信長様は今度の鳥取城責めを心許なく思っておられる。毛利三家が大軍勢で伯州より討入っくれば折角の鳥取本城等の長囲いの取り詰めも効果が無い。吉川式部少輔が強がり開城を拒んで手向かうようであれば、城内の五千、六千の人数を容赦なく攻め崩し、城もろとも焼き殺せ、なお筑前（秀吉）の手に余れば、信長自ら軍勢を率いて出馬もあり。

（巻八「天正九年鳥取の事」）

秀吉にとっても一刻も早く決着をつけて、安土の信長に勝利の報告すべく状況にあった。そのため、秀吉は丸山の城将山縣某をして鳥取本城等調略開城の件を吉川式部少輔に申し伝えるよう藤堂与右衛門に指示したとされる（巻八「同右」）。

経家の小姓山縣長茂が記した「山縣長茂覚書」によると、秀吉方の使いは堀尾茂助と一柳市助であった。城方は野田左衛門尉（春実）であった。秀吉は一度は因州但州東伯耆が静謐であったところ、因州表の再乱は森下出羽入道道誉と中村対馬守の二人が逆心して、主君山名豊国（号禅高）を捨てた不忠者なので、両名の切腹を条件とした。しかし吉川経家は承知しなかった。森下・中村は主君豊国への不義であったとの秀吉公の仰せと言えども、芸州毛利家への忠勤ぶりは浅くない。出城の丸山にいる塩谷周防、佐々木三郎左衛門、奈佐日本助等の切腹は構わないとしたが、経家は森下・中村は吉川元春の陣所に送ろうとした。しかし秀吉は森下・中村の助命の申し出を受け付けなかった。

経家は自らの切腹を堀尾茂助、一柳市助方へ申し伝えた。秀吉からは、諸国では弓矢の和睦の話は多く、吉川式部少輔殿は百余日籠城を遂げられた。天下の軍代として筑前（秀吉）が参ったので、和睦をもって諸人を助けられることは、此れより後の式部少輔殿の瑕瑾（かきん）（傷や恥じ）にはならない。加えて重罪の森下・中村と同様に切腹したのでは、この秀吉は理不尽、傍若無人のように思われる。秀吉に任すようにとの条件が出された。

秀吉は経家の無二の覚悟誠に神妙と切腹の申し出を容れた。

経家の小姓山縣長茂は、秀吉に宛てた経家の暇乞状を清書した。「山縣長茂覚書」に収められた暇乞状の主旨は次の通りである。（　）内は筆者による。

今度因州鳥取に於ける織田家と毛利家の境目の戦で、羽柴筑前守引請けの許、悴腹（切腹）に及び諸人の命を助ける事、恐れながら後代の名誉と為るべく、この趣旨を天下に御披露を仰せ下され、恐惶謹言

天正九年十月廿五日　　吉川式部少輔経家

羽柴筑前守殿

さて、経家が子供達に宛てた自筆書状写し（⑱「石見吉川家文書」一四〇号）を挙げる。

（原文は旧字体のため、現代用語に訳した）

鳥取の事、夜昼二百日こらえました。兵糧が尽き果てましたので、我一人（芸州の）御役にたち、人々を助け申して、（石見吉川家）一門の名を揚げました。この仕合せ物語をきっとお聞きください。

十月廿五日　　つ祢家判

あちやこ
　まいる
かめし由　申給へ
かめ五
とく五

次に、父吉川和泉守経安に宛てた経家自筆書状（⑲「石見吉川家文書」一三七号）。

去る七月十二日羽柴筑前守が取詰め、包囲されました。昼夜二百日余り城を堅固に相抱えましたが、今兵糧が尽きたため、我一人切腹に及んで、籠城の諸人の命を恙なく助けます、この仕合せ御一門の名誉であります。

　式部少輔

天正九年
十月廿五日　経家（花押）
経安様
　参　御中

次に、経家の最期の始末を「山縣長茂覚書」から引用しておく。

経家は行水を終えて、介錯の二本の刀を選び広間へ出た。上座に具足と唐櫃（鎧甲入れ）を置いて、各人に暇乞いの盃をと申し出された。静間源兵衛が奏者となり各々へ盃を渡した。福光小三郎が白い帷子を着て、手に数珠を掛け静間の脇に居た。小三郎が盃を呑み干して静間に渡した時、経家は高い声でから笑いを二、三度した。その後、具足・唐櫃に腰掛て、脇差に中巻きを作り座中へ目を向けて、如何にも大声にて、

内々稽古無之事候間、無調法ニ可有之

（筆者意訳、内々に稽古をする事でないので、このように作法は無調法である）

と言って、十月廿五日午前四時切腹した。享年三十五。福光小三郎は式部少輔の前一畳のところで、経家の切腹を見終えると、脇差を胸に押し当て、掛声を出して前方に乗り懸った。若鶴甚右衛門も同じく切腹した。両人の介錯は竹崎市允であった。

その前日の晩、森下出羽入道道誉と中村対馬守春続は番所で切腹した。丸山籠城衆の塩谷周防、佐々木三郎左衛門、奈佐日本助も切腹した。

ここで、吉川式部少輔経家が鳥取籠城の名誉について詠じた歌が残されている⑳「石見吉

川家文書」、長勘短冊影写三二号)。

経家の辞世、三首左の如く(原文は旧字体のため、現代用語とした)。

武士濃ミやつ起弓能入かたも
　満よはさり介里敷島の道
(武士(もののふ)の　みやつき弓の　射り方も
　迷わざりけり　敷島の道)

朽もせぬ名のミ残りて末の代に
　いくその人者聞てわか蓮む
(朽ちもせぬ　名のみ残りて　末の代に
　逝くその人は　聞きて別れむ)

おもはすよ身能多め尓とハ君か名を
　あた那らぬ世尓残しをく人
(思わずよ　身の為にとは　君が名を
　あだならぬ世に　残し置く人)

城将吉川式部少輔が切腹して開城された後、信長は宮部善祥坊継潤を鳥取城主として、因幡・伯耆の新領国を統治した。その他の出城の在番は、

尾崎の城、木下民部、桑山修理、この人数六百有余人。

天神山城、一柳市助、同四郎右衛門、この人数三百有余。

吉岡の城、木村隼人（常陸介）、この人数三百人。

松部の城、加藤作内、この人数三百人。

鹿野の城、亀井新十郎、この人数五百有余人。

右の如くであった（巻八「羽柴筑前守播州へ帰陣の事」）。

参考史料・参考文献

①伊藤康晴編、展示図録『増補版　天正九年鳥取城をめぐる戦い』、発行鳥取市歴史博物館、二〇〇八年（第二刷）。図録の郵送入手にあたり、鳥取県立博物館　学芸課人文係にお手数と「木村隼人」について御教授を賜わりました。ここに改めて謝意を表します。

②『大日本古文書』「石見吉川家文書」一二〇号・（元亀二年）五月二十七日付毛利輝元書状写

③『大日本古文書』「石見吉川家文書」一二一号・（天正元年）十二月十日付毛利輝元書状写

④『大日本古文書』「石見吉川家文書」一三四号・（天正九年）正月十四日付吉川元春同元長連

署状
⑤『大日本古文書』「石見吉川家文書」一一八号・天正九年一月二十六日付吉川経家譲状並置文影写
⑥『大日本古文書』「石見吉川家文書」一一九号・天正九年一月二十六日付吉川経家譲状影写
⑦『大日本古文書』「石見吉川家文書」一四五号・(天正九年)三月二十日付吉川経家自筆書状
⑧『大日本古文書』「石見吉川家文書」一四六号・(天正九年)五月十六日付吉川経家自筆書状
⑨『大日本古文書』「石見吉川家文書」一四三号・(天正九年)五月十九日付吉川経家書状
⑩『大日本古文書』「石見吉川家文書」一四九号・(天正九年)六月二日付吉川経家覚書
⑪『大日本古文書』「石見吉川家文書」一四七号・(天正九年)六月十七日付吉川経家書状
⑫『細川家記』(藤孝)写し、東大史料編纂所
⑬『大日本古文書』「石見吉川家文書」一五一号・「山縣長茂覚書」
⑭香川正矩原『陰徳太平記』松田修・下房俊一訳、教育出版社、一九八〇年
⑮「旧塁鑿覧」(鳥取城図)岡島正義執筆・編纂、天保四年、鳥取県立博物館蔵、「旧塁鑿覧」(鳥取城図)については、鳥取県立博物館　学芸課人文係より、平成三年(一九九一年)十月七日付けで郵送・提供を受けた同館所蔵のコピーを用いました。ここに改めて謝意を表します。
⑯『大日本古文書』「石見吉川家文書」一三六号・(天正九年)七月晦日付吉川経家自筆書状

⑰伊藤康晴編、展示図録『増補版　天正九年鳥取城をめぐる戦い』所収「九二　織田信長黒印状、（天正九年）八月廿日、個人、長浜市指定文化財」図版解説編を参照

⑱『大日本古文書』「石見吉川家文書」一四〇号・吉川経家書状写

⑲『大日本古文書』「石見吉川家文書」一三七号・天正九年十月二十五日付吉川経家自筆書状

⑳「石見吉川家文書」、長勘短冊影写三二一号

第五章　備中高松城の戦い（一五八二年、天正十年四月）

信長は近習の長谷川竹（藤五郎、秀一）を播州に遣わして新年の沙汰を秀吉に出した。

天正九（一五八一）年十二月、これを受けて秀吉は首の者ども五十余人で安土へ出仕した。

天正九年十二月二十七日、秀吉一行の上洛途上、堺天王寺屋の津田宗及が摂州茨木（大阪府茨木市）で一行を出迎えた。その日の夜に中川瀬兵衛清秀が在番する茨木城で茶会をおこなわれた。この時の茶会記によると、床にはすずめの絵の軸が飾られて、炉に信長から山上宗二に下された霰釜（あられがま）を用いて、宗及が茶頭（さどう）をした（①「宗及茶湯日記」）。

天正十（一五八二）年正月一日、織田家連枝の人々、諸大名・小名が賀祥のため安土城に出仕した（『信長公記』）。羽柴家中で安土に滞留した面々は、羽柴小一郎（秀長）、前野将右衛門尉（長康、後但馬守）、浅野弥兵衛（長政、後弾正少弼）、中村孫平次（一氏、後式部少輔）、神子田半左衛門（正治）、堀尾小太郎（茂助、吉晴、後帯刀先生）、木村一兵衛（隼人、重茲（しげゆき））、常陸介）、杉原七郎左衛門（家次、秀吉の妻おねの叔父）等、その他馬廻り衆であった（『武功夜話』巻十「天正九年正月安土の事」)。

この年の二月から三月にかけて、信長は甲州武田氏攻略をおこなうのであるが、『武功夜話』によると、正月三日過ぎて秀吉に、西国毛利の備えのため軍容を調えて備前の宇喜多と示し合わせ、備前・備中乱入すべき旨暇を下したという。

すなわち、直ぐに播州へ立ち返り東国の事は構わず玉薬、鉄炮並びに兵糧の手立てをすること。もし秀吉が備中へ討ち入りに付き、毛利輝元、吉川元春、小早川隆景が出て来て対陣することになるなら、その機会を逃さず信長自身が全軍を率いて、輝元、元春、隆景の首を討ち取るつもりであること。そのために秀吉が先手となり備中に押し入ってしかるべき城を攻め取り、堅固に普請をして置く事等を申し付けられた。さらに大人数での備中への乱入のため、第一に兵糧の蓄えが肝要、第二に国境の道々を通り易く、道普請を丁寧におこなうこと等、信長が念入りに指図したと記される(巻十「天正十年正月、羽柴筑前守安土より帰播の事」)。

正月四日、かくして羽柴筑前守一行は内府信長の御前を退出して、淀の川舟を仕立てて尼崎に向かった。舟中で秀吉を囲んで舎弟小一郎と前野将右衛門等は、信長より格別の思召しをもって大任を命じられた幸せと、西国の強敵毛利・吉川・小早川の三家に先手として乱入する覚悟の程を語りあった。途中大坂吹田で、御茶道(おさどう)の師長谷川宗仁が出迎えて、舟中で茶の湯を催した。釜は秀吉愛用の霰釜であった。秀吉一行はその日尼崎に泊まり、六日播州へ帰着した。

正月十八日、秀吉は姫路城で津田宗及、山上宗二と茶会を催した。この時も霰釜を用いた

（『宗及茶湯日記』）。

天正十（一五八二）年二月十二日、備中高松城攻めの秀吉本隊の出陣の前に、先手蜂須賀彦右衛門と黒田官兵衛が備前岡山の宇喜多所へ向けて出立した。宇喜多領内の児島群常山の城主戸川平左衛門（秀安）は宇喜多氏に敵対していた。羽柴勢の先手は海上よりの宇喜多勢と示し合わせて三千三百の人数で常山城を包囲し開城させた。

三月十日陣触れ、播州勢・但馬勢合わせ二万三千有余人が姫路の城下に人馬隙間なく詰めかけた（『武功夜話』補遺「千代女書留」）。

ここに『武功夜話』巻十「天正十年四月、備中陣惣仕立ての覚えの事」より秀吉の備中乱入の陣立てを掲げる。

一、先発

一、蜂須賀彦右衛門尉、この手二千三百人

　　同断　小六家政

　　堀　秀村

　一、黒田官兵衛尉、この手二百有余人

　　これは播州を出勢、三月十日備中境

一、中備え

一、宇喜多左京亮、この手五千有人

一、宇喜多八郎秀家、この手三千有余人

　一、宇喜多七郎兵衛

一、脇の備え、但馬衆

　一、羽柴小一郎　山内猪右衛門

　　　　　　　　藤堂与右衛門

　　　　　　　　桑山修理介

　　　　　　　　垣屋駿河守

　　但馬衆惣勢子四千有余人

　一、木下備中守　脇坂甚内

　　　　　　　　佐藤日向守

　　　　　　　　四木甚右衛門

一、脇の備え

　一、加藤作内　神戸田半左衛門

　　　　　　　仙石権兵衛

　　　　　　　尾頭甚右衛門

右この人数三千三百有余人

一、浅野弥兵衛尉　木村常陸介（筆者注、この当時は常陸介任官前、一兵衛、隼人）

堀尾小太郎

大崎藤蔵（木村一兵衛の従兄弟）

一柳市助

（筆者注、これより御本陣）

一、先

一、前野将右衛門尉

前野兵庫

別所孫右衛門

明石与四郎

一柳小兵衛

右人数〆五千有余人これあり

御本陣

御馬衆　小西弥九郎

大崎藤蔵

加藤虎之助

一、御本陣

一、羽柴筑前守　福島市松

一、羽柴御次丸（筆者注、信長四男秀勝）

脇坂甚内

大谷平馬

一柳四郎右衛門

速水勝太

増田仁右衛門

中西弥五作

一、後備え

一、杉原七郎左衛門

一、木下昌監

一、三輪五郎右衛門

この人数一千六百有余人

一、右惣勢子二万七千五百有余人これあり

これは天正壬午（十年）四月十五日備中乱入の備えの覚え。

三月十五日、羽柴筑前守姫路を出陣（②「萩藩閥閲録」巻二十五清水氏、『武功夜話』補遺

「千代女書留」)。

四月四日、羽柴筑前守備前岡山宇喜多の城へ入城。先手の蜂須賀彦右衛門より次のような注進があった。備中高松城の付け城宮路山城の乃美七郎を味方に加え入れるべく、蜂須賀彦右衛門と黒田官兵衛などは再三話し合いをおこなったが、調略の見込みはないとのことであった。また、宇喜多家臣の案内で、蜂須賀彦右衛門、黒田官兵衛は信長の添状を持参して、高松城将清水長左衛門宗治に開城を勧めたが、宗治は応じなかった(③「清水長左衛門由来記」、④「筑前福岡黒田家譜」)。

一方、⑤『高松記』や⑥『陰徳太平記』等によると、当時備中高松城の付け城として、最も北に位置する宮路山(かわやの城、北区足守)に乃美少輔七郎元信、冠山(すくも塚、北区足守)に林三郎左衛門重真、加茂(北区加茂)の城の本丸に上山兵庫助元忠、東の丸に生石(おいし)中務少輔、西の丸には芸州の加勢、城主の桂民部大輔広繁が籠った。そして日播城(倉敷市日畑)に日幡六郎兵衛景親、松島城(倉敷市)に梨羽中務丞、庭瀬城(北区庭瀬)に城将井上豊後守有景が籠った。これらの城は、高松城と併せて、織田軍に対する毛利方の防衛最前線「境目七城」とも呼ばれた(⑦冊子「高松城水責め」)。

北方の付け城、宮路山城と冠山城、足守川下流西岸の加茂城の三城はとりわけ頑丈に構えられ、羽柴勢乱入に備えていたという。本城の高松城では、清水長左衛門宗治五千有余人が高松平野の中州の節所に立て籠り、一歩も退(しりぞ)かずの備えであった。

四月十四日、羽柴筑前守は備前宇喜多の兵を併せ、備中入りして宮路山と冠山の両城を囲んだ（⑧「萩藩閥閲録」二十二ノ二）。

この時、秀吉は高松八幡神社東方、現在の最上稲荷妙教寺の近辺の山に、最初の本陣を据えた。地元調査と古老の話を勘案すると、秀吉がここに至るには岡山から備前一宮の吉備津彦神社付近まで山陽道を進み、中川橋から山陽道と別れて辛川市場を通り大窪越えをし、最上稲荷分の大谷に出て、大谷から五百～六百メートル程先の妙教寺の近辺の竜王山山麓に出たのではないかと考える。

一方、中川橋から山陽道と別れて辛川市場を通り、大窪越えをせずに、北に向かい長野・横尾（県道六一号線に沿う）を経て足守に向かう山道があった。平成二十年三月に岡山市教育委員会から発行された⑨「備中高松城水攻め築堤跡—高松城水攻め築堤公園建設に伴う確認調査—」（以下「平成二十年報告書」と記す）によると、「高松城の両側の丘陵部に存在する通路状の土塁は、一見高松城を中心に展開しているように見えるが、むしろ背後に存在する長野城がそれらの扇の要の位置にある。長野城の南側には中世の山間寺院である長野廃寺がある。長野廃寺に接する山道は、岡山市の一宮で山陽道から分岐して足守に至るものであり」と、この山道について記されている。地元の古老等と長野廃寺に接する道路脇の農園を訪ねた時、農園主は道沿いの畑で昔の焼物が積み重なって出たことを話してくれた。今でもその廃寺に登ることはできるという。

さらに「平成二十年報告書」は、「当時、織田氏の勢力下であった備前からの兵站を考えた場合、具体的には山陽道の背後から毛利氏の勢力下である備中への攻撃をおこなうとすると、長野廃寺を通る山道は極めて重要な交通路となる。したがって、その北側に位置する長野城の存在意義も明らかであろう」とも指摘している。秀吉の上方勢、宇喜多勢併せて二万七千有余人の兵站を考えると、山道での移動は想像を絶するほどであったと考える。

ところで、この日蓮宗妙教寺の開山は報恩大師で、伝教大師最澄の弟子となった僧侶であるという。この妙教寺によって護持された最上稲荷は背後に霊峰竜王山が聳え、備中平野を見わたせる風光明媚な場所にある（中尾尭⑩「最上稲荷と妙教寺」）。最上稲荷に参詣する場合、岡山方面からは備前一宮の吉備津彦神社付近まで山陽道を進み、中川橋から山陽道と別れて大窪越えをして大谷に出た。

一方、足守方面からの大山（だいせん）道の道筋は、上土田、門前に入ったところで山の麓を西に曲がり、足守川東岸を南に進み、大井川から松山往来の馬揃に出ていた。この大山道を葦守八幡宮までは同様に南下し、下足守に出ると七百〜八百メートル右手に冠山城がある。その近くに地蔵堂がある。現在は龍泉寺に通じる自動車道があるが、現地調査と地元の古老の話を勘案すると、昔の最上稲荷への参道は、この地蔵堂付近で大山道と分かれて龍泉寺を経て稲荷へ詣でていたと考えられる。

加原耕作は⑪「最上稲荷の参道と門前町」（「一　稲荷参道と道標」）において、足守方面から参詣する人の参道について次のように記している。

足守方面から参詣する人々は大山道を南にたどり、下足守から東に向かい、お滝（龍泉寺）を通って山越えをするか、あるいは門前に出て、そこから現在の吉備線の南側の畦道（あぜみち）をたどって小山を経て大崎の新田に向かっていた。

加原が指摘するように、下足守から南下せず、下足守で東へ向かい龍泉寺を通って最上稲荷への参道が確かにあったのである。

四月十四日、霊峰竜王山妙教寺近くに本陣を置いた秀吉は、宇喜多忠家を下足守の冠山城攻めに向かわせた。

四月十七日から、宇喜多勢と冠山（すくも塚）に立て籠もる城将林三郎左衛門重真との間で合戦となった（⑫「林重真事蹟」）。「林重真事蹟」によると、林の手勢百三十九人が討死し、重真は四月二十五日生害した。

秀吉は宮路山の上の渋櫛山へ打ち上って宮路山城を見聞して、城の水の手を断たせたという（⑬「毛利家日記」）。五月二日、備前宇喜多家が交渉して開城させた。これにより城将乃美元信は城を去った（⑭「亀井文書」）。

因州鹿野城に在番していた亀井新十郎茲矩に宛てた秀吉の（天正十年）五月六日付書状（「亀

井文書」）に、「近日令陣替」（近日陣替させる）と記されており、この後立田の石井山に本陣を移したことが知られる。現在、そこは「秀吉公本陣跡」として史蹟に指定されている。

『武功夜話』によると五月一日、安土の信長より使者堀久太郎秀治が備中高松の秀吉陣所に到着していた。その安土より申し寄こした信長の意向とは、

一、備中高松の城責めの次第様子について、毛利、吉川、小早川が備中へ出陣の動きがあれば切々と注進してくる事。

一、備中表の件、高松の城が堅固に構えて責め難ければ、当方の陣所を堅固に築き守備を厳重にしておく事。すでに甲州武田四郎父子を討ち取った。この上は輝元・隆景が出馬して来たら、人数を揃えて駆け向かい必ず討ち取ってみせる。なおその方（秀吉）は先陣として九州へ押し渡り、九州を奪い取る覚悟が肝要だ。なお西国の不審な動きについては詳しく堀久太郎に申し出る事。

一、毛利三家が如何ほどの人数で攻め込んで来ようとも、此方は身続ぎの人数（援軍）差し遣わす用意があるので、気遣いは無用である。なお詳しい事は久太郎が申し述べることになっている。

（巻十「天正十年五月三日、備中高松城責めの御軍議御評定の事」）

このように、信長は毛利氏を討ち果たしたら、秀吉を先陣として九州に渡海させて、九州を制圧しようと考えていたことが窺える。

堀久太郎はさらに四国の長曾我部退治について述べるとともに、高松城攻めが長引いて内府信長公が安土を出陣して備中に着陣してからでは手柄が無くなると次のように話した。

今度東国の甲州武田四郎を滅ぼして四月二十一日安土に帰城された。一息いれる間なく、四国長曾我部退治の旨仰せ出され、三男信孝様に渡海を御命じになった。備中高松責めが長引いては御手柄も無くなるので、毛利三家が未だ備中へ動かない内に何分の手立てがあってしかるべきです。

（巻十「天正十年五月三日、備中高松城責めの御軍議御評定の事」）

これに対し、秀吉は堀久太郎に次のように答えて安土の信長への取り次ぎをお願いした。

それがし（秀吉）が備中へ発向してから、すでに三十有余日（三月十五日姫路出陣、四月四日岡山の宇喜多所着陣）、御敵清水長左衛門（宗治）を取り囲んでいます。御見聞のごとく高松の城は節所（攻め難い所）にあり、なお堅城です。しかし、謀計なくいたずらに力詰めだけでは、敵と距離がある遠巻きの布陣である事や、また地理地形が不案内のため、味方の損傷も甚だしく、次第に敵に付け入れらて得策ではない。それがしよくよく敵地に入り会い見定め、策を考えております。御内府様（信長）が備中高松へ御出馬されるまでには、必ず高松を責め取るべく粉骨して働きますので、何卒宜しくこの筑前の覚悟を申し上げられ、御取次の次第願い上げます。

（巻十「天正十年五月三日、備中高松城責めの御軍議御評定の事」）

堀久太郎は秀吉の武運と、毛利三家衆は対峙し難き未曾有の大敵であり重々油断無き旨を述べて、安土に向け備中高松を発った。

堀久太郎が述べた内容からして、信長は備中高松に出陣の予定をしていたことが明らかである。

五月三日、信長の出馬を聞いた秀吉は次の如く指示を出した。

この度、備中表の件、信長様が備中へ御出陣と相成る次第、前野将右衛門は必要な人数を連れて播州に出向く事。

播州と備前の通路、宿駅（しゅくえき）に手を入れて修理を施すように。御取次の御宿と並びに兵糧を慎重に見計らう事

（巻十「信長公備中御動座につき、前野長康備中より播磨に帰る事」）

五月六日、前野将右衛門は備中から三木在番のため播州へ発った。前野将右衛門の物書き役前野清助（義詮）も同道していた。清助控えによると、秀吉の命令で手分けして播州から備前境まで信長の通路を整備したことが記されている。そして、信長が六月七日に播州入りという沙汰が、長男信忠から出されていたと前野清助は書き残している。これもまた大事の局面なので、『武功夜話』から少し長文になるが左に引用しておく。

備中高松を退却して、信長様の御出馬のため、秀吉様は格別の御配慮をなさって、備前境目までの道中の宿泊所と路次を均し石を取り除いて、信長様が通行し易いように各々手分けして作業させた。今度の御出馬の進路は海上を避けて、播州より備前入り、陸路を取る予定。すなわち摂州尼崎より播州に御越しなされて三木城に御泊り、これより姫路へ御成り、姫路城に御泊りになられる。これより西海道（筆者注、山陽道のこと）を備前の三石へ出る予定。御通行の路次に落度無く各々がお待ち申しあげた。信長様の播州入りは六月七日との御沙汰。御先手の諸将の播州通過は六月三日頃、右道中の兵糧、馬草の準備は第一の次第である事、岐阜中将信忠様（信長長男、岐阜城主、左中将）より御取次の使者、猪子兵助が申し伝えてきた。

（巻十「明智日向守謀反の事」）

この頃、毛利三家衆の小早川隆景が、足守川西岸、都窪郡庄村日差山（倉敷市庄新町）に居陣した（『高松記』）。

五月二十一日、吉川元春は備中高松の庚申山（北区新庄上）に布陣した。そして毛利輝元は山陽道を東上して猿掛城（倉敷市矢掛町）まで出陣していた（『高松記』）。

すでに、秀吉は城将清水長左衛門が立て籠る高松城を取り囲んでいた。城方は堅固な守備で、掘割は広大のため、鉄炮等で何度か撃ち入りをおこなったが、城中から鉄炮で盛んに撃ち出してきて攻め難かった。宇喜多の陣所があった高松八幡神社付近（北区和井元）に城兵と撃ちあった「鉄炮土手」と呼ばれるところが現在も残っている。

『武功夜話』によると、秀吉は地頭の宮内平左衛門という者を召し寄せ、足守川の水かさ等詳しく尋ねたという。平左衛門は委細に川筋等の事情を次のように話した。

足守川当今は川巾十間余。川が増水した時は川巾が三倍四倍となり、川筋の東北中島の田畑を浸すこと甚だしい。両岸の堤があっても無きが如くで、自然に流れを変え、三年の間に一度は堤が決壊して水浸しとなり、百姓どもには難儀至極となっている。

（巻十「羽柴筑前守、備中高松城責めの事」）

秀吉はすぐに宮内平左衛門を案内として、堀尾茂助に足守川の川筋、松山往来を北上して原小才（現北区高松原古才）、小山（北区小山）、松井本郷（不詳）、門前村（北区門前）までの間を物見探索させた。

そこで、北西の足守川と北東よりの大小谷川数条を城の上方において堰き止め、百五十有余町歩残らず水浸しにするという策を取った。秀吉は直ちに諸将を集めて評定をおこなった。

一、高松の城責めは北西よりの足守川と北東より大小の谷川数本を城上方において堰き止め、百五十有余町歩残らず水浸しにいたす手立である。各々方に申し付けた如くに持ち場を示し合せ、昼夜厭わずに堤防の普請を競い合っておこなう事。

一、備前宇喜多忠家の総人数をもって門前村（北区門前）より下土田村（北区下土田）まで築堤し、堰き止めの築堤もおこなう事、この持ち場は最も重要な個所であるため、黒田官兵衛を差し遣わすので、宇喜多衆はよくよく相談して頑丈に築堤する事。

一、門前村より下土田村の堰止めについて、蜂須賀持ち場の原古才（北区高松原小才）まで堤防が完成した後に、堰き止めをおこなう事。城への通路の備えは、加藤作内、神戸田半左衛門がおこなう。押え手であるので堤防を余念無く工事する事。

一、松井（不詳）、本小山（北区小山）の間十二町、堀尾茂助、木下備中守、桑山修理亮、戸田半左衛門等が一手となって、築堤の材料の束などなるたけ手間をはぶき、損じないよう立ち働く事。

一、蛙ヶ鼻より先の持ち場は羽柴小一郎等の但馬衆が築堤する事。

一、今度の築堤の総奉行は蜂須賀彦右衛門に申し付ける故、川筋をよくよく見計らい、溜めた水の堤防切りを失敗なくおこない、水を引き込む事。割当の作業を余念なくおこなわせて日限内に完成させる事。

一、浅野弥兵衛は海手の水夫達を召し寄せて、高松の浮城の責め口を拵えて準備しておく事。

（巻十「羽柴筑前守、備中高松城責めの事」）

これらの記録をまとめると、不明な点もあるが、次のように解する（水攻め築堤工事概略1、2、3とする）。

1、門前村より下土田村まで築堤し、（足守川の）堰き止めの築堤もおこなうこと。この持ち場は最も重要な箇所であるので、備前宇喜多衆と黒田官兵衛とがよくよく打ち合わせて頑丈に築堤すること。

2、門前村より下土田村の堰き止めについては、小山から原小才までの築堤が完成してからおこなうこと。

3、蛙ヶ鼻より先の備中高松駅辺りまでの築堤は羽柴小一郎の但馬衆がおこなうこと。

この時期、備前宇喜多勢は八幡山（和井元の八幡神社の山）、大崎郷（大崎）、福崎郷（福崎）に陣所を構えていた。秀吉の弟羽柴小一郎の但馬衆は鼓山（立田）に陣所を置いていた。

さて、足守川から水を取り入れて高松城周囲の沼地を水没させる大工事は何時から始められたのであろうか。

⑮「吉川家譜」によると、吉川元春が家臣の山田出雲守に宛てた書に、五月七日高松城の水攻めにとりかかったとある。

そして『武功夜話』によると、築堤等の工事は「加勢の毛利着陣候わぬ間に、日限を切り昼夜を分たず仕り候なり」（巻十「信長公備中御動座につき、前野長康備中より播磨に帰る事」）とあり、吉川元春が庚申山に居陣したのは五月二十一日であるので、その頃までに水没させたと考えるのが妥当であろう。よって、秀吉は五月七日から二週間足らずで高松城を水没させたのである。

ここで、備中高松城址がある足守川中流域の地形的特徴から記すこととする。

前記した「備中高松城水攻め築堤跡―高松城水攻め築堤公園建設に伴う確認調査―」（「平成二十年報告書」）によると、備中高松城址周囲は足守川の形成した沖積平野の中流域に位置するという。この「足守川中流域は、本州島の西側を東西に延びる中国山地の南側に広がる標高三百～六百メートルのなだらかな隆基準平原である吉備高原が急激に落ち込んで、その先端と瀬戸内海の内海との間に形成された沖積平野である。」という。さらに「平野部の各所には足守川旧流路の痕跡がいくつも認められ、その際に形成されたと考えられる自然堤防（微高地）がある」という。

「平成二十年報告書」の編著者・高橋伸二氏は、築堤について地形の問題を指摘したのは藤井駿氏と加原耕作氏であるとしている。高橋氏は藤井駿・加原耕作⑯『備中湛井十二箇郷用水史』の一部を引用して「その堤防は高梁川東分流の残していた自然堤防を巧みに利用していたからこそ、短時日に完成し、しかも大きな効果を発揮し得たものと言えよう」としている。

また、加原耕作氏は伝承のような大堤防が築かれたのは蛙ヶ鼻付近のみで、堤防全体の規模は伝承にあるほど大きなものではなかった可能性を示したという（「平成二十年報告書」）。

築堤跡について「平成二十年報告書」で、「築堤跡は今回の調査対象地となった蛙ヶ鼻付近から備中高松駅付近までについては明瞭にその痕跡が認めらるものの、備中高松駅の南から足守川付近までは、今日（平成二十年）では築堤の跡が認め難い状況にある」という。築堤は丘陵末端部から備中高松駅付近までの間を堰き止めたものであることがわかるとしている。

次に、築堤の位置について「平成二十年報告書」は、「築堤跡とされる部分が松山往来に並行しており、平野内に存在する微高地をつないで築堤した場合、伝承のような高さが必要なく、築堤に要する土量は伝承よりもはるかに少なくてすむからにほかならず、備中高松駅付近から足守川にかけては断続的に存在する微高地をつないで築堤されたものと考えられる」と記している。

ところで、水攻め当時の高松城付近の標高について、平成十二年三月に岡山市教育委員会から発行された⑰「備中高松城三の丸発掘調査概報」という報告書（以下「平成十二年報告書」と記す）がある。これによると、水攻め当時の本丸から三の丸にかけての標高は、およそ五メートルであったと推察されるという。

そして、高松城周囲の沼地に溜まった水の流出口と考えられる蛙ヶ鼻付近の築堤の基底部となった部分の標高はおおむね三・五メートル前後であり、地表面から基底部までは一メートル足らずであるという（「平成二十年報告書」）。水攻め当時の高松城と蛙ヶ鼻付近との標高差は約一・五メートルである。高松城周囲の沼地を約一メートルの深さまで水没させた場合、堤防の高さは約二・五メートルとなり、蛙ヶ鼻から備中高松駅付近までの水攻め当時の堤防の標高は約六メートルとなる。

国土地理院の⑱「地理院地図」（電子国土Ｗｅｂ）を用いて、現在の備中高松城三の丸跡付近の標高をみると約六メートル前後となる。「平成十二年報告書」にも、現在の本丸は標高約六メートル前後を測るとされている。

そこで、筆者は「地理院地図」（電子国土Ｗｅｂ）を用いて、高松城址を一メートルの深さまで水没させた場合、当然水の表面の標高は七メートル前後となり、「地理院地図」（電子国土Ｗｅｂ）でたどった。水没領域は概略ではあるが、門前の南の丘陵末端部、小山南側を東に進み、大崎新田の一部から和井元に入り高松八幡神社の山際を抜け、北東は岡之鼻、本村辺りまでとなる（図1）。

これより、水攻め当時の築堤の位置について検討したい。

地元での調査と古老の話等を総合して、次のA～F地点を選んで、推定し得る築堤の作図をおこなった。備中高松駅付近から足守駅付近の水取り入れ口までは、想定された築堤は松山往来の北側で、概ね吉備線（現桃太郎線）の南側を沿うような位置であった。

A地点（北区門前、標高八・五メートル以上）
足守川土合橋（どあいばし）と吉備線の間、土合橋寄り

B地点（北区門前、標高八～八・五メートル）
某建設会社の二十メートル南の広場、ここには昭和年間の末頃まで「土手跡」と記された木製の標識があったという。ここの旧道沿いの用水は、総社市の高梁川にある湛井堰（たたいぜき）から総社市、倉敷市、岡山市などの田んぼや畑に水を運ぶための十二箇郷用水のひとつで、この地域の田畑に水を引くための分岐点の役割をしているという。従ってここでの用水は標高が高くなる、吉備線外側の報恩禅寺方向にも流れている。

⑲国土地理院の撮影記録に記録されている米極東空軍が昭和二十二年に撮影した空中写真（図2）では、松山往来の馬揃から門前報恩禅寺に向かう旧道と土合橋からの道が吉備線の手前約百五十メートル辺りの交差する場所と見なせる。

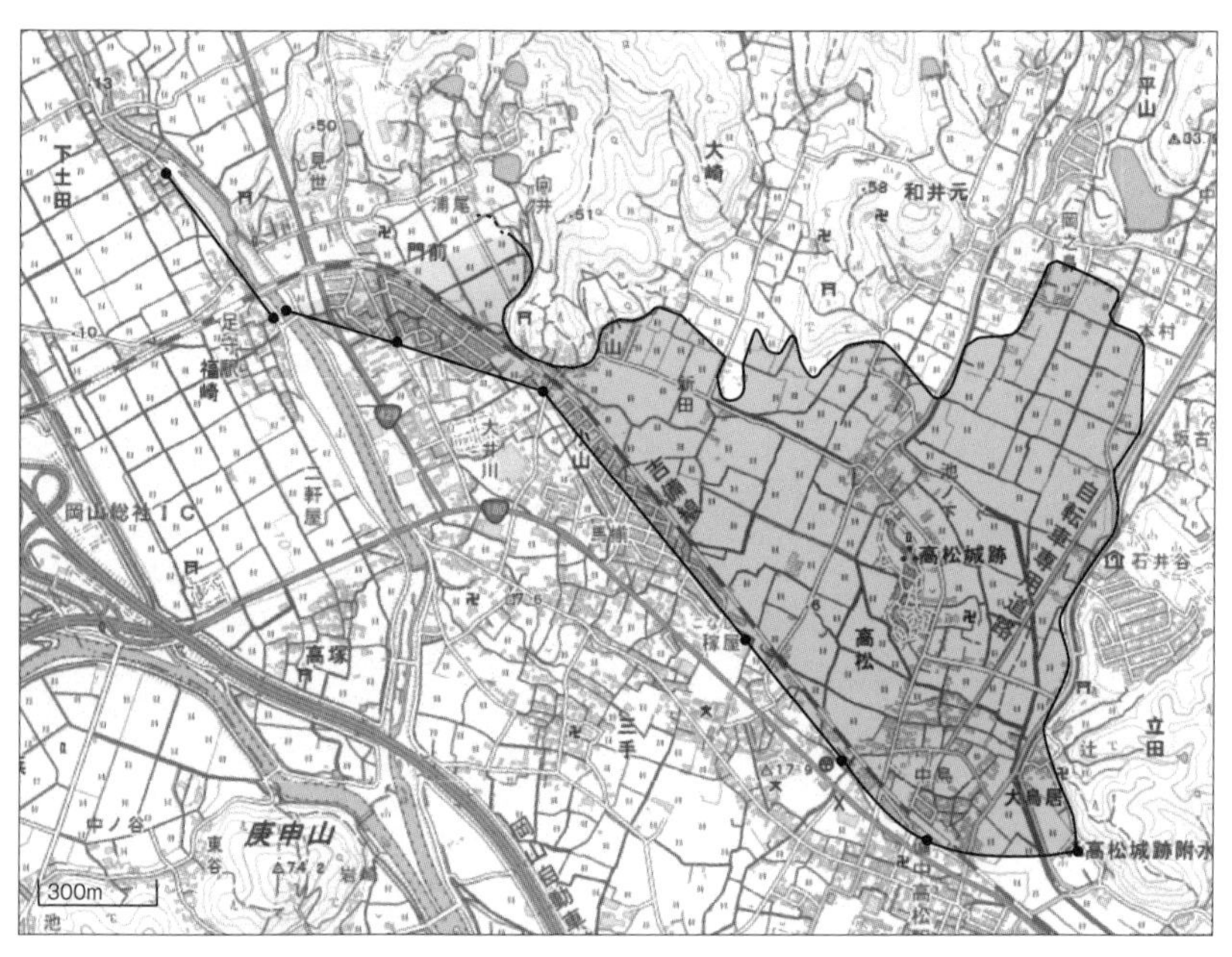

図1　備中高松城水攻め水没領域想定図

C地点（北区小山、標高七メートル前後）

吉備線小山踏切から国道一八〇号線に向かって約三十メートル進んだ場所。この地点から左に吉備線とほぼ並行に団地に入る道がある。これは昔から道沿いに用水が流れていた畦道であり、この道が想定される土手跡であるという。

前記の空中写真を見ると、田んぼとは別に、吉備線にほぼ並行する白い直線（図4）が確認できる。地元の古老によると、位置的には団地に入る用水を伴う畦道であるという。

D地点（標高六メートル足らず）

岡山市立庄内小学校運動場付近（北区三手）

E地点（標高六メートル足らず）

岡山市立高松中学校北東側付近（北区高松原小才）

F地点（標高五・五メートル以下）

備中高松駅から国道百八十号線（北区高松）

G地点（標高四・五メートル前後）

水攻め蛙ヶ鼻築堤跡（北区立田）

以上図3の如く、蛙ヶ鼻から足守川水取り入れ口までの水攻め当時の築堤跡想定図を示した。

次にいわゆる副堤について検討したい。

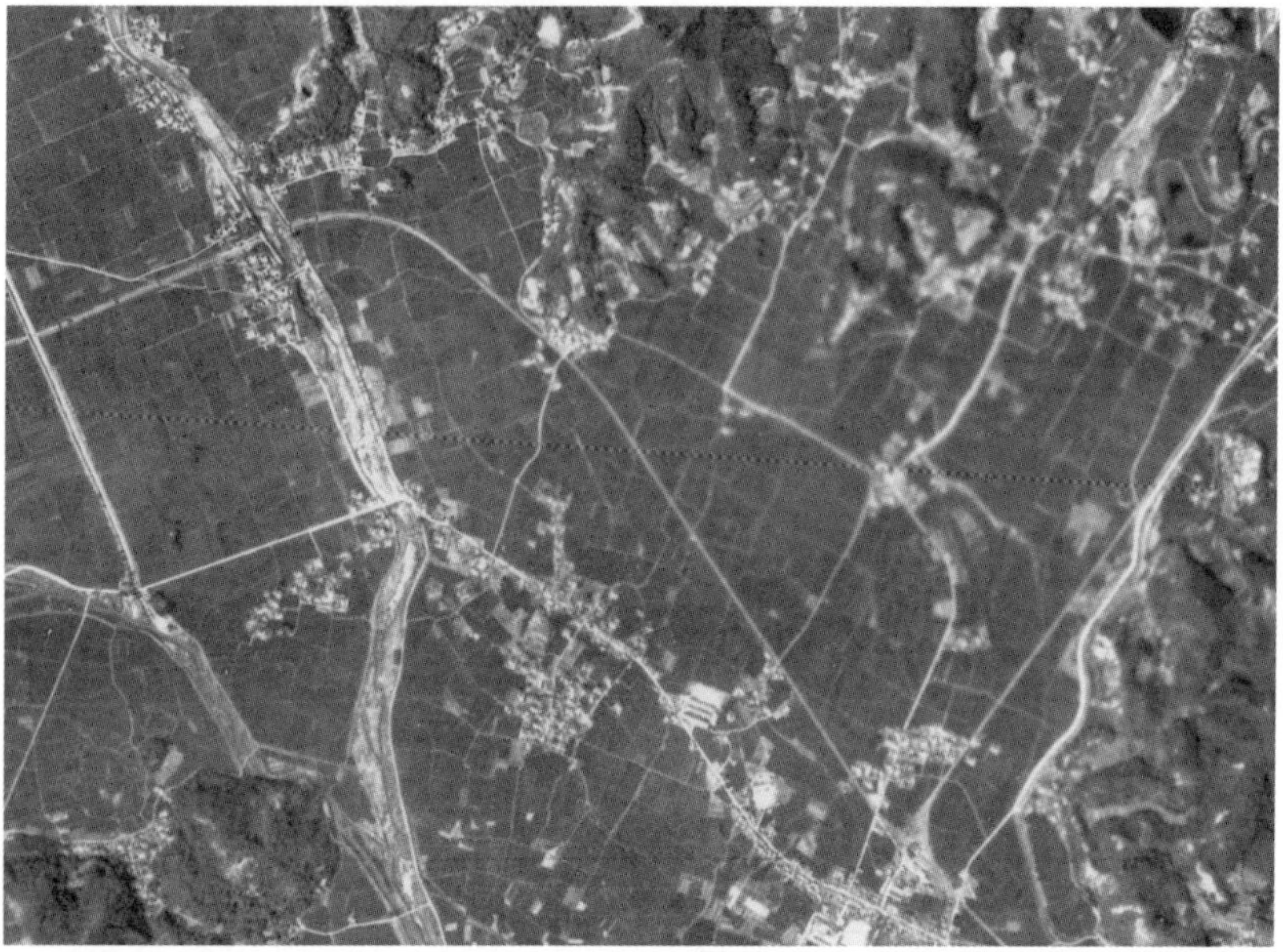

図２　空中写真（昭和22年８月29日撮影、提供：国土地理院）

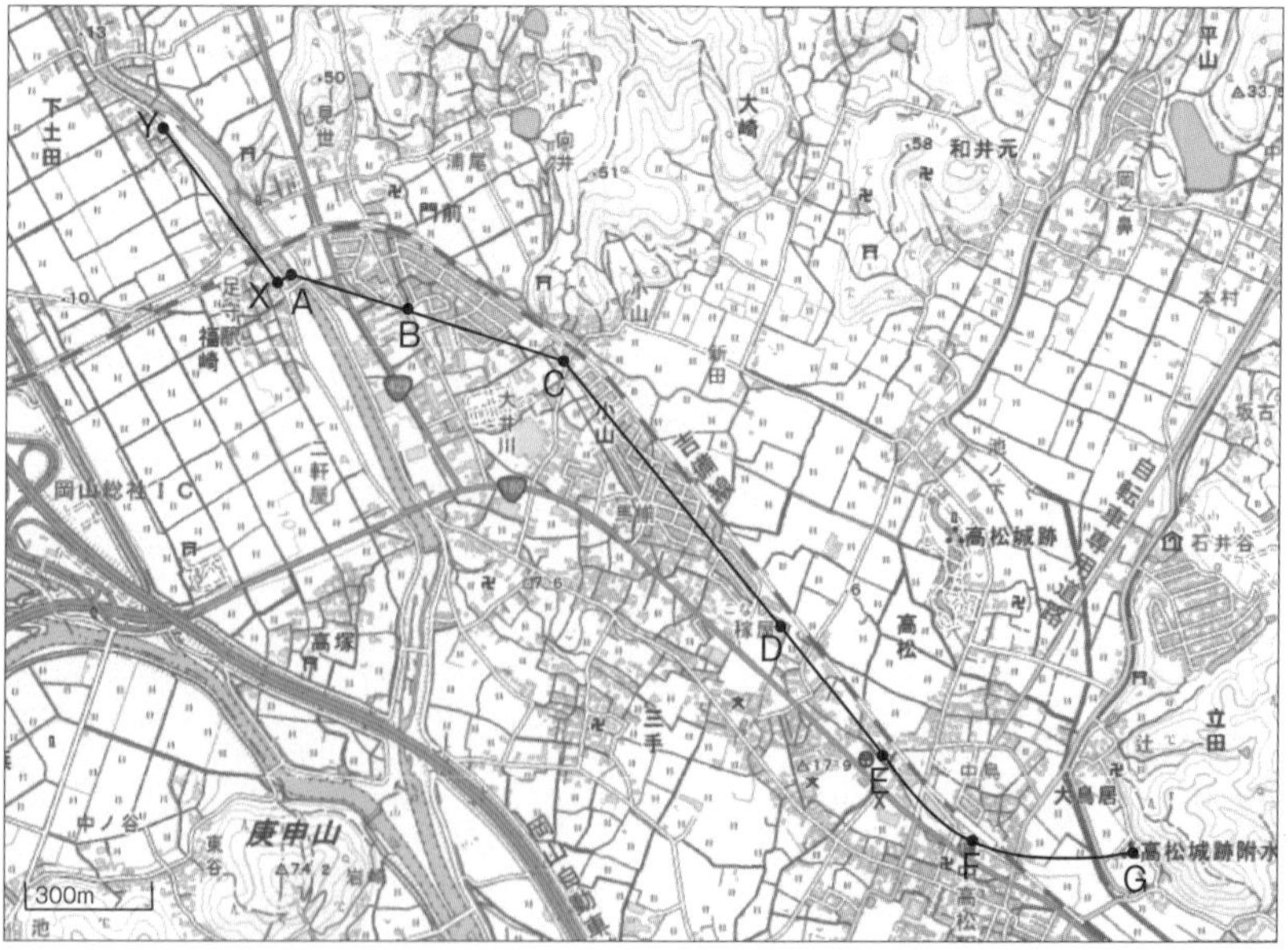

図３　備中高松城水攻めの築堤跡想定図

「平成二十年報告書」によると、足守川西岸の足守駅の南に副堤跡とされる堤防遺構が史跡に指定されて保存されている（X地点）。高さは一・四メートル、幅五・二メートルで長さは十メートル程であるという。そして、地元の有志が建てたという副堤の北端を示す標識が足守駅から上流の西岸、四百メートル程のところの下土田にある（Y地点）。

この辺りの標高について調べると、福崎辺りの水田は少なくとも八メートル以上である。下土田辺りの水田は九メートル前後の標高である。前記したように、高松城周囲を一メートル程水没させた場合、現在の高松城周囲の標高を六メートル前後と見ると、水没範囲は標高約七メートル前後の場所となる。福崎、下土田は明らかに水没範囲ではないことがわかる。参考までに吉備線北側の門前の水田の標高は七・三メートル前後である。報恩禅寺辺りの水田の標高は八メートル前後以上となる。

では、何故秀吉はこの地にのちに副堤と呼ばれる堤防を築かせたのか。

前記した国土地理院の撮影記録に記録されている米極東空軍が昭和二十二年に撮影した空中写真（図2）を見ると、福崎においても下土田においても民家は足守川西岸に点在していることがわかる。東岸は田んぼとなっていて民家はない。水攻め当時の様子は推測し難いがこの状況に近かったと思われる。

先に記した水攻め築堤工事概略1「門前村より下土田村まで築堤し、（足守川の）堰き止めの築堤もおこなうこと」とあるように、この築堤の第一の目的は、足守川を堰き止めた時、足守川西岸の村民を水害から守ると同時に、足守川の水を門前から小山方面、高松城周囲に誘導するためであったと考える。

足守川の堰き止め堤防は無論のこと、足守駅付近から足守川堰き止め近くの川筋西岸の築堤は、蛙ヶ鼻の築堤程ではないものの、相当量の水流と水量に抗し得る幅と高さの堤防が必要とされたはずである。

それ故に秀吉は、先の水攻め築堤工事概略1で記したとおり、「門前村より下土田村まで築堤し、（足守川の）堰き止めの築堤もおこなうこと。この持ち場は最も重要な箇所であるので、備前宇喜多衆と黒田官兵衛とがよくよく打ち合わせて頑丈に築堤すること」と指示したのであろうと考える。

ところで、備中高松城水攻めには一度に大量の水を必要とすることは明白である。図1の水没領域想定図から推測すると、やはり門前村の相当な範囲を水没させていたと考える。

『武功夜話』の伝承記録にある水攻め築堤工事概略2「門前村より下土田村の堰き止めについては、小山から原小才までの築堤が完成してからおこなうこと」の一文を解釈すると、門前村より下土田村の堰き止めをおこなったと読むことができる。足守川の土合橋上流の水取り入れ口から流入させた水は、下土田村より標高が低い門前村の相当部分を水没させたと想定される。大量の水を一時的にせよ門前村に溜めるためには、小山の丘陵末端部と築堤C地点の北側付近との最も接近している箇所を堰き止めれば実現可能である。その距離は七〇〜八〇メートル足らずであろう。

　そこで、図3で示した築堤跡想定図を見ると、A地点からC地点まで直線的であり、C地点からE地点・F地点まで同様に直線的である。すなわち、C地点は高松城周囲を効率よく水没させるため、あらかじめ測量・設定された地点であったと考える。また、高松城周囲の水面が低下するなど水攻めに悪影響が出ないように、門前村に直ぐに使用可能な相当量の足守川の水をためておく必要があったと推測する。とくに高松城での攻防が長引いた場合もそうであろう。やはり、C地点は水攻めの築堤の要であったと思われる（図4、図5）。

　先に記したように、『武功夜話』に「百五十有余町歩残らず水浸しにするという策」がとられたと伝承記録されているが、それは高松城周囲の沼地と門前村を含めての水没領域を意味しているのではないかと考える。

　以上、備中高松城水攻めについて私見を含めて記述した。

　さて、大事件がまたもや京都で起きた。それは将軍御所の柳営でなく本能寺であった。六月二日午前六時頃、正史に記されるとおり織田信長は本能寺にて憤死、妙覚寺を宿所としていた長男信忠は二条御所で討死した天下の一大事である。信長四十九歳、信忠二十八歳であった（⑳『公卿補任』）。

　同じく六月二日、亥（い）の刻（こく）四ッ半（午後十一時）、播州三木の前野長康の元に丹波表の長岡藤孝から密書が到来した。その密書を見た長康は無言蒼顔であったという。長康が語った密書の

図4　空中写真拡大図（昭和22年8月29日撮影、提供：国土地理院）

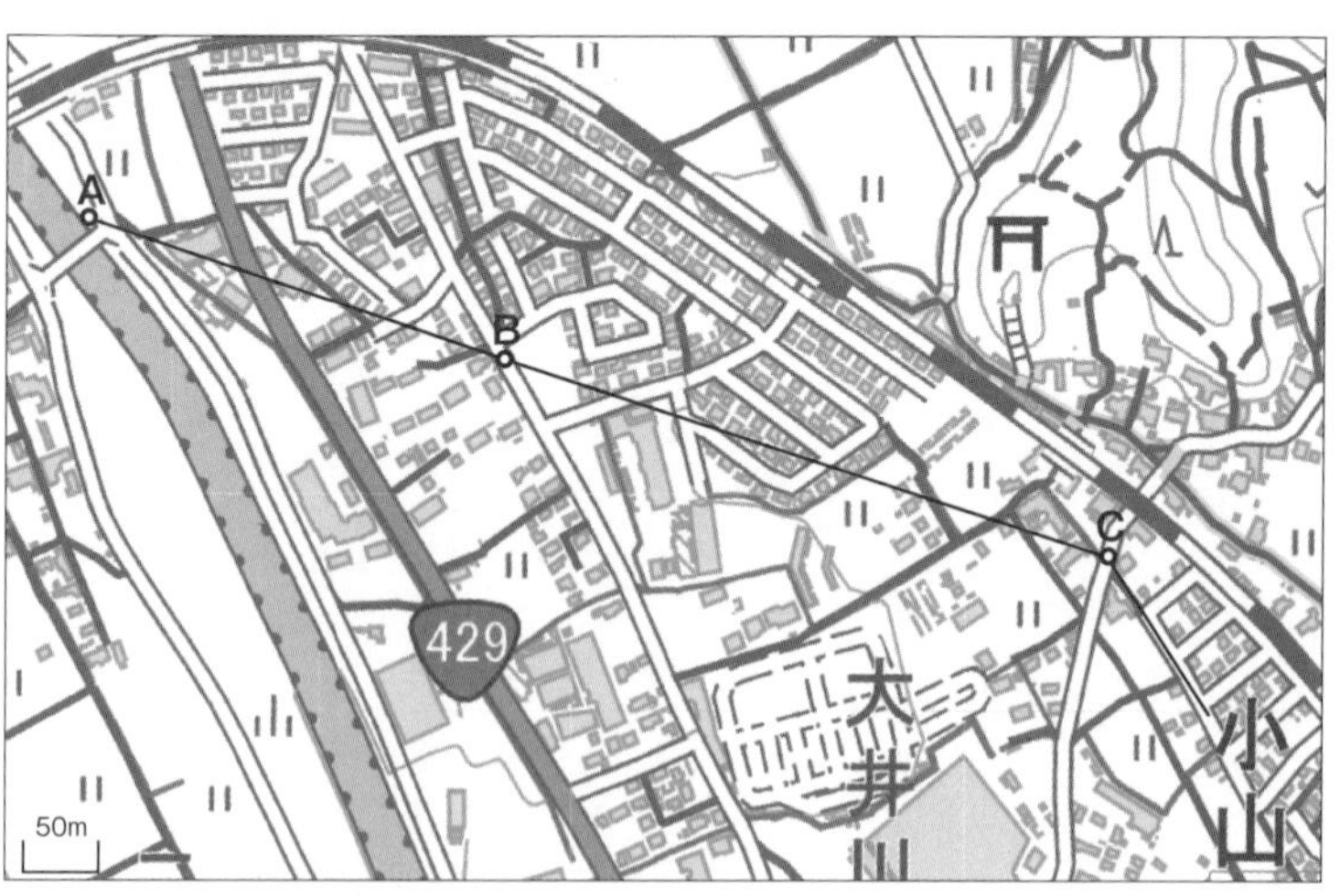

図5　水攻めの築堤の要となったC地点

趣旨について「明智日向守逆心、洛中の御宿所本能寺に人数差し向け不意を討ち、御運拙く御最後の注進に候なり」と『武功夜話』（巻九「明智日向守謀反の事」）は記している。

信長の死を知った秀吉は安國寺恵瓊をして毛利輝元との和睦をさらに加速させた。㉑「江系譜」や「毛利家日記」によると、秀吉の条件は清水長左衛門宗治の切腹と毛利家との国分けについてであった。しかし、輝元は清水長左衛門の累年の抽んでた忠節をもって切腹を承諾しなかった。蜂須賀彦右衛門、生駒雅楽頭（親正、讃岐高松城主）並びに安國寺恵瓊が宗治に輝元の内意を伝えた。宗治は主君に言うに及ばずとて切腹を決意して安國寺をもって秀吉に伝えてきた。

天正十（一五八二）年六月四日、清水長左衛門尉宗治、兄月清入道（清水右衛門尉行宗）、末近左衛門尉信賢、他宗治家来難波傳兵衛尉、白井輿三衛門尉治嘉、高市之允並びに小者七郎次郎等が切腹して果てた（『江系譜』「毛利家日記」㉒「萩藩閥禄」二十五清水宮内）。

最後に、清水宗治辞世の歌を「高松城址公園資料館」（岡山市）より掲げる。

浮世をば今こそ渡れ
　武士の名を高松の苔に残して

参考史料・参考文献

①編集代表者千宗室『茶道古典全集』第七巻、「天王寺屋会記」解説編　上巻、「宗及茶湯日記他会記」（自天正七年至同十一年他会記）、淡交社、一九七一年
②「萩藩閥閲録」巻二十五清水氏、大日本史料、十編九一一冊、天正十年四月四日条
③「清水長左衛門由来記」大日本史料、十編九一一冊、天正十年四月四日条
④「筑前福岡黒田家譜」大日本史料、十編九一一冊、天正十年四月四日条
⑤『高松記』監修中村孝也・宝月圭吾・緒豊田武・北島正元、校注桑田忠親、戦国史料叢書、新人物往来社、一九六五年
⑥香川正矩原『陰徳太平記』松田修・下房俊一訳、教育出版社、一九八〇年
⑦「高松城水責め」発行岡山市、協力高松城址保興会、二〇一九年
⑧「萩藩閥閲録」二十二ノ二、村上図書所蔵文書、大日本史料十編九一一冊、天正十年四月十四日条
⑨「備中高松城水攻め築堤跡―高松城水攻め築堤公園建設に伴う確認調査―」編集・発行岡山市教育委員会、山陽印刷株式会社、二〇〇八年三月三十一日
この記録は、岡山市教育委員会文化課・文化財課が平成十年（一九九八年）四月十三日から五月三十一日と、平成十三年（二〇〇一年）五月十七日から六月十五日にかけて実施した公園建設事業の確認調査と平成十四年（二〇〇二年）十月に実施された用水路改修工事に伴う、

岡山市立田七九七他の発掘調査の関する報告書である。報告書の作成は岡山市教育員会が実施し、その執筆・編集は高橋伸二である。

⑩五来重監修『稲荷信仰の研究』所収、中尾尭「最上稲荷と妙教寺」山陽新聞社、一九八五年

⑪五来重監修『稲荷信仰の研究』所収、加原耕作「最上稲荷の参道と門前町」（「一　稲荷参道と道標」、山陽新聞社、一九八五年

⑫「林重真事蹟」大日本史料十編九一一冊、天正十年四月二十五日条

⑬「毛利家日記」大日本史料十編九一一冊、天正十年四月十四日条

⑭「亀井新十郎宛（天正十年）五月六日付羽柴藤吉郎書状」『豊臣秀吉文書集　一』文書番号四一五「亀井文書」、国立歴史民族博物館巻蔵、名古屋市博物館編、吉川弘文館、二〇一五年

⑮「吉川家譜」大日本史料十編九一一冊、天正十年五月七日条

⑯藤井駿・加原耕作『備中湛井十二箇郷用水史』湛井十二箇郷組合、一九七六年

⑰「備中高松城三の丸跡発掘調査概報」発行・編集岡山市教育委員会文化課、発行岡山市教育委員会、（株）印刷工房フジワラ、二〇〇〇年三月三十一日

この記録は、岡山市教育委員会文化課が平成九年（一九九七年）六月九日から平成十年（一九九八年）三月三十一日にかけて実施した市道高松十四号線道路改良工事に伴う岡山市高松六四一―一ほかの備中高松城三の丸跡の発掘調査に関する報告書である。報告書の作成は岡山市教育委員会文化課が実施し、その執筆は高橋伸二氏である。

⑱「標高がわかるWeb地図を試験公開」国土地理院
⑲国土地理院の撮影記録に記録されている「米極東空軍昭和二十二年八月二九日撮影」した空中写真、一般財団法人日本地図センター所蔵
⑳『新訂増補國史大系　公卿補任』編輯者 黒板勝美、吉川弘文館、一九九一年
㉑「江系譜」大日本史料、十一編一冊、天正十年六月四日条
㉒「萩藩閥録」二十五清水宮内、大日本史料、十一編一冊、天正十年六月四日条

後書き

三十年以上前から木村常陸介重茲と嫡長門守重成について、さらには木村氏の出自や事蹟について関心をもっていましたが、ほとんど確かな史料を見つけることができませんでした。そこで木村常陸介が生きた時代である織田信長の事績や信長家臣時代の羽柴秀吉が信長の命を受けておこなった合戦について調べてきました。

第一章から第四章までは平成二十五年に書き上げていました。第五章については長年の懸案となっていましたが、令和二年一月から二月にかけて二回の現地調査が実現しました。この度の調査にあたり、協力をいただいた岡山市在住の大角元（おおすみはじめ）氏並びに津軽三味線金澤流家元金澤栄（かなざわさかえ）氏に深謝いたします。また、元医療法人社団武州会富士見台駅前クリニック事務局長で、クリニック開設当時から長年にわたり、公私ともどもお世話になりました阿部健（あべけん）氏には特別な感謝を申し上げます。

なお本文中で、木村常陸介の通称を木村一兵衛としたのは、筆者会田家の「木村常陸守に関する伝承等」によります。

ところで、小生が信長や秀吉の合戦史を記述して公表することは、戦国史を専門とする先学・諸兄に対して僭越であり、恐懼すら覚えるところです。

しかし、小生は春秋を重ねること七十回余りとなりました。意を決して中央公論事業出版の堤智紀氏に相談したところ、大変前向きな言葉をもらいました。その後、制作部長神門武弘氏にさらなる指導をいただきました。両氏にはこの場で感謝申し上げます。

二〇二〇（令和二）年十月

会田庄造

著者略歴
会田　庄造（あいだ・しょうぞう）
1946（昭和 21）年、埼玉県北足立郡大字大門村（現さいたま市緑区大門）に生まれる。
大阪医科大学卒。
長野県厚生連佐久総合病院を経て、東京大学医学部リハビリテーション科入局、国立療養所（現国立病院機構）東京病院リハビリテーション科勤務
1981（昭和 56）年より、国立障害者リハビリテーションセンター病院勤務、1987（昭和 62）年同病院研究検査科医長で退職
1988（昭和 63）年、東京都練馬区に医療法人社団武州会富士見台駅前クリニックを開設
2017（平成 28）年、同クリニックを閉院
共同翻訳書『リハビリテーションの臨床実践　全人的マネージメントのためのマニュアル』GRAY A. OKAMOTO 編著、上田敏監訳、医学書院サウンダース、1987 年
茶の湯は「御家流」（安藤家）門人、茶号は「宗雅」

信長公合戦秘録（のぶながこうかっせんひろく）

2020 年 12 月 10 日初版発行

著　者　会田　庄造
制作・発売　中央公論事業出版
〒 101-0051　東京都千代田区神田神保町 1-10-1
電話　03-5244-5723
URL　http://www.chukoji.co.jp/

印刷・製本／精興社
装丁／竹内宏江

ISBN978-4-89514-497-1 C0021